NOTION

DU

DROIT ET DE L'OBLIGATION

(INTRODUCTION PHILOSOPHIQUE A L'ÉTUDE DU CODE CIVIL)

TROISIÈME ÉDITION

revue et augmentée

PAR

Daniel de FOLLEVILLE

AVOCAT A LA COUR D'APPEL,
PROFESSEUR DE CODE CIVIL A LA FACULTÉ DE DROIT,
L'UN DES VICE-PRÉSIDENTS DE L'ASSOCIATION INTERNATIONALE POUR LA RÉFORME ET LA CODIFICATION DU DROIT DES GENS.

« Il faut rendre la science pratique et la pratique savante. Voilà l'idéal de tout enseignement sérieux du droit. »
DE SAVIGNY.

Prix 2 francs.

PARIS
Chez E. THORIN, Libraire,
7, rue de Médicis, 7.

DOUAI
Chez tous les Libraires.

1879

NOTION

DU

DROIT ET DE L'OBLIGATION

(INTRODUCTION PHILOSOPHIQUE A L'ÉTUDE DU CODE CIVIL.)

AUTRES OUVRAGES DU MÊME AUTEUR

De la naturalisation et des effets généraux des lois. — Un vol. in-8°. — *Sous presse.*

Des caractères distinctifs des associations commerciales en participation (1865). DURAND. Une brochure in-8°. — *Épuisée.*

Considérations générales sur l'acquisition ou la libération par l'effet du temps (1869). THORIN. 1 vol. gr. in-8°. . . . . . 3 »

De l'interdiction considérée comme cause de séparation de biens judiciaire (1870). COTILLON. Une brochure in-8°. . . . 1 50

Étude sur le paiement avec subrogation; ses caractères distinctifs (1871). THORIN. Une brochure in-8°. . . . . 1 »

Programme sommaire du cours de Code civil (*Deuxième examen*), *avec une Étude sur le partage d'ascendants* (1871). THORIN. 1 vol. in-8°. 8 »

Étude sur la jonction des possessions, (*art.* 2235 *du Code civil*. (1871). MARESCQ aîné. Une brochure in-8°. 2 50

De la revendication des titres au porteur en matière de faillite (1871). MARESCQ aîné. Une brochure in-8°. . . . . 1 »

De la publicité des contrats pécuniaires de mariage, d'après la loi du 10 juillet 1850. MARESCQ aîné (1872). Une brochure in-8°. . 2 »

La loi du 12 août 1870 et le cours forcé des billets de la Banque de France (1872). MARESCQ aîné. Une brochure in-8°. . . . » 50

Sommaire du cours de Code civil (*Premier examen*). MARESCQ aîné. Une brochure in-8°. — Seconde édition (1876). 2 50

De la légitimation des enfants incestueux (simple note extraite du *Recueil spécial de Jurisprudence de la Cour de Douai*, t. XXXI, p. 109 (1873). THORIN. Une brochure in-8°. . . . . » 50

De la délégation des fonctions de l'instruction aux juges suppléants (1873). THORIN. Une brochure in-8°. . . . . » 50

Comparaison des articles 434, 443 et 479 § 1er du Code pénal (1874). MARESCQ aîné. Une brochure in-8°. . . . . » 50

Essai sur la vente de la chose d'autrui (1874). MARESCQ aîné. 1 vol. in-8°. 8 50

De la possession précaire (1874). MARESCQ aîné. Une br. in-8°. 1 50

Traité de la possession des meubles et des titres au porteur. MARESCQ aîné. 1 fort vol. in-8°. — Seconde édition (1875). . . 12 »

Des clauses de remploi et de la société d'acquêts sous le régime dotal. MARESCQ aîné. Une brochure in-8°. 2 50

Du paiement du prix par l'acheteur en matière de vente (1875). MARESCQ aîné. Une brochure in-8°. 1 50

Introduction historique à l'étude du Code civil (1876). MARESCQ aîné. Une brochure in-8°. 1 50

De la promulgation et de l'application des lois et des décrets (art. 1 du Code civil combiné avec les récentes lois constitutionnelles) (1876). MARESCQ aîné. Une brochure in-8°. . . . . 1 »

De la naturalisation en pays étranger des femmes séparées de corps en France. MARESCQ aîné. Une brochure in-8°. — Seconde édition (1876). . . . . 2 »

Questions pratiques de naturalisation : — *Situation juridique de la jeune princesse Nadèje Bibesco* (1876). MARESCQ aîné. Une br. in-8°. 1 »

De la propriété littéraire et artistique (1877). DURAND et PÉDONE-LAURIEL, éditeurs. Une brochure in-8°. . . . . 1 »

Traité des assurances sur la vie, par M. Paul HERBAULT; revu et publié après le décès de l'auteur, par DANIEL DE FOLLEVILLE (1877). MARESCQ aîné. Un vol. in-8°. . . . . 9 »

De l'effet déclaratif du partage (explication de l'art. 883 du Code civil) (1877). THORIN, éditeur. Une brochure in-8°. 1 50

De l'incapacité complète de s'obliger stipulée dans un contrat de mariage (revue de jurisprudence). DURAND et PÉDONE-LAURIEL. Une brochure in-8°. . . . . » 50

Théorie des prélèvements. — THORIN. — Une br. in-8°. . 1 50

NOTION

DU

DROIT ET DE L'OBLIGATION

(INTRODUCTION PHILOSOPHIQUE A L'ÉTUDE DU CODE CIVIL.)

TROISIÈME ÉDITION
revue et augmentée

PAR

Daniel de FOLLEVILLE

AVOCAT A LA COUR D'APPEL,
PROFESSEUR DE CODE CIVIL A LA FACULTÉ DE DROIT,
L'UN DES VICE-PRÉSIDENTS DE L'ASSOCIATION INTERNATIONALE POUR LA RÉFORME ET LA CODIFICATION DU DROIT DES GENS.

« Il faut rendre la science pratique et la pratique savante. Voilà l'idéal de tout enseignement sérieux du droit. »
DE SAVIGNY.

Prix 2 francs.

PARIS
Chez E. THORIN, Libraire,
7, rue de Médicis, 7.

DOUAI
Chez tous les Libraires.

1879

AVANT-PROPOS

A MESSIEURS LES ÉTUDIANTS.

MESSIEURS,

Cette troisième édition de la brochure intitulée : *Notion du droit et de l'obligation*, contient une introduction philosophique sommaire (1) à l'étude du droit civil français.

Vous y trouverez, en conséquence, les notions juridiques sur la loi, la morale, le droit, qui sont le préliminaire indispensable de toute étude rationnelle de la législation.

Vous y rencontrerez encore l'exposition des différentes divisions du droit, avec les définitions et les observations qui se rapportent à chacune de ces divisions.

Il nous a paru également utile d'aborder de suite la grave et difficile théorie des différentes espèces de devoirs, *sensu lato*, — devoirs purement moraux, ou obligations de conscience, — devoirs juridiques naturels, ou obligations naturelles, — devoirs juridiques positifs, ou obligations civiles. Cette distinction célèbre, dont l'application a soulevé tant de controverses, apparaît, à plusieurs reprises différentes, dans le Code civil, particulièrement

(1) Le lecteur voudra bien se souvenir qu'il s'agit, dans la présente publication, d'un simple résumé, et ne pas y chercher des notions approfondies, que les exigences du programme ne nous permettent pas de donner au début d'un cours de licence, consacré principalement à l'exégèse et à l'explication du Code civil. — On peut, pour plus de détails, consulter M. Bertauld, *Introduction à l'histoire des sources du droit français*; — M. Minier, *Précis historique du droit français et Introduction à l'étude du droit;* — M. Eschbach, *Introduction générale à l'étude du droit;* — M. de Fresquet, *Précis d'histoire des sources du droit français depuis les Gaulois jusqu'à nos jours* (ouvrage spécialement destiné à MM. les étudiants); — M. Boistel, *Cours élémentaire de droit naturel ou de philosophie du droit;* — M. Ahrens, *Cours de droit naturel* complété par des aperçus historiques.

à propos des articles 203, 204, 1235, 1965 à 1967, etc. Elle est d'ailleurs habituellement assez mal saisie par la plupart d'entre vous (je parle des meilleurs), et la Faculté a même parfois rencontré des aspirants au doctorat singulièrement hésitants en face du *criterium* à adopter sur ce point.

Nous exposons aussi, par anticipation, dans cette brochure, la célèbre division des droits en droits réels et en droits personnels, division dont le rayonnement s'étend jusqu'aux plus extrêmes limites du domaine de la législation. L'importance considérable de cette classification, au point de vue pratique, est soigneusement précisée (1).

(1) C'est surtout à propos de semblables matières qu'il importe de prémunir la jeunesse contre une tendance déplorable à se payer de mots ou à se contenter d'idées imparfaitement arrêtées. Cette brochure s'adresse dès lors, non-seulement aux élèves qui préparent leur premier examen, mais encore à ceux des autres années; elle tend à vulgariser des notions, élémentaires sans doute, mais trop souvent imparfaitement comprises : elle aura, en tout cas, l'avantage de nous permettre d'éviter, dans notre cours, des redites ultérieures. Il serait toutefois bien préférable d'organiser des chaires spéciales d'introduction à l'étude du droit, comme il en existe dans les universités, étrangères et, même en France, dans la plupart des universités libres. Nous nous associons pleinement aux vœux si justes émis, sur ce point, par la haute commission des études de droit : voyez, dans la *Revue critique de législation*, page 577 et suivantes, (t. I, 1871-1872, 21ᵉ année, nouvelle série), le remarquable rapport présenté par M. Accarias, en faveur de la création, dans toutes les Facultés, d'un cours spécial d'introduction à l'étude du droit, avec la sanction d'une boule d'examen à la fin de l'année. Ce cours, dit M. Accarias, « qui, sous le nom moins français d'*Encyclopédie du droit*, produit d'excellents résultats en Allemagne et en Belgique, a déjà existé à la Faculté de Paris, et s'il n'y a pas réussi, cela tient peut-être à ce qu'on avait négligé de lui assurer la sanction d'un examen; sûrement, cela ne tient pas à son objet; car, aucun cours n'est plus propre à ouvrir l'esprit de l'étudiant qui débute, à lui montrer la nature et l'étendue du terrain sur lequel il s'engage, et par conséquent à l'attacher. Dans la pensée de la commission, ce cours devrait, comme son nom même l'indique, être placé en première année, et il comprendrait un triple objet, savoir : *les principes du droit naturel, la classification et l'histoire abrégée du droit, et les éléments de l'organisation des pouvoirs publics.* — Le droit naturel formerait une heureuse transition entre l'enseignement, tout d'abord aride, du droit positif, et les recherches plus larges de la philosophie, qui couronnent et complètent les études classiques. Il dégagerait le lien intime des deux sciences et montrerait comment l'une procède de l'autre. Dès le début, l'étudiant apprendrait que, si l'arbitraire se glisse souvent dans la réglementation législative, le droit néanmoins, considéré dans ses principes généraux, n'est pas, ne peut pas être arbitraire, mais

L'objet de cette brochure étant ainsi indiqué, je vous demande la permission de réunir ici quelques conseils pratiques, de nature à vous éviter une direction préjudiciable à vos intérêts. Il importe, en effet, qu'un accord complet existe sur la méthode à suivre, entre celui qui enseigne une science et ceux qui se proposent de l'apprendre.

Vous allez commencer l'étude du Code civil, et notre vie commune ne prendra fin qu'à l'expiration de vos trois années de droit, lorsque vous aurez conquis votre diplôme de licence. La carrière que nous avons à parcourir ensemble est donc, comme vous le voyez, assez vaste et assez longue : — je ne suis point, pour ma part, tenté de m'en plaindre. C'est, au contraire, à mes yeux, l'un des privilèges de l'enseignement du Code civil, de permettre à celui qui en est chargé, de vous suivre pas à pas dans vos études, de constater chacun de vos progrès quotidiens, d'encourager vos efforts, de relever parfois vos défaillances, de saisir enfin et de développer le germe des qualités éminentes du raisonnement et de l'intelligence, qui feront plus tard de vous, au jour de leur complet épanouissement, des jurisconsultes sérieux et des hommes vraiment utiles à leur pays.

qu'il a une raison d'être permanente dans des faits indépendants de l'autorité, dans des lois psychologiques et économiques que l'homme n'a pas faites, et qu'il ne lui est pas donné de défaire. Grâce à une bonne classification du droit, au lieu de s'avancer comme à tâtons et dans un pays sans lumière, il se ferait tout de suite une idée exacte et complète de la science juridique, aperçue tout à la fois dans la variété de ses divisions et subdivisions, et dans l'harmonie de son ensemble. Pour savoir ce que c'est que le droit criminel, le droit administratif, le droit des gens, etc., il n'attendrait pas d'aborder spécialement l'étude de ces diverses branches. Enfin, un exposé sommaire de l'organisation des pouvoirs publics le munirait d'une foule de notions auxiliaires qui, outre qu'elles sont nécessaires même à l'homme du monde, reviennent à chaque instant dans l'explication des lois, et ne sont jamais entièrement saisies, que quand elles ont été étudiées pour elles-mêmes et non pas incidemment. » La brochure que nous publions actuellement, sous le titre, *Notion du droit et de l'obligation*, ne contiendra pas les développements historiques, ni l'exposition de l'organisation des pouvoirs publics français : son objet sera limité aux notions philosophiques et juridiques. Comparez, pour le premier point, notre *Introduction historique à l'étude du Code civil*, et notre *Sommaire du cours de Code civil* (première année), nos 40 à 154.

J'ai déjà vu plusieurs générations d'étudiants se presser au pied de cette chaire, et elles m'ont donné, partout et toujours (je suis heureux de leur rendre ce témoignage mérité), grand encouragement et profonde satisfaction. Les liens d'amitié formés alors n'ont fait, avec le temps, que se resserrer plus étroitement, et je trouve aujourd'hui, soit dans le monde, soit dans la vie du barreau, mes meilleures relations parmi ceux qui ont commencé autrefois par faire ici l'apprentissage du droit.

C'est sur ce terrain, Messieurs, que j'entends encore me placer avec vous : vous voudrez bien, je l'espère, vous aussi, me considérer surtout comme un *aîné*, qui, un peu plus avancé que vous dans la carrière, est heureux de pouvoir vous tendre la main, pour vous en faciliter l'accès et aplanir devant vous les aspérités de la route.

Vous êtes maintenant des hommes, et j'entends vous traiter comme tels : je vous demande, en revanche, le travail volontaire et l'acceptation de cette solidarité puissante de nos vieilles Ecoles, laquelle, unissant étroitement les étudiants et les maîtres, en fait comme les membres d'une même famille, se réjouissant des mêmes joies, souffrant des mêmes douleurs et se soutenant mutuellement dans le fonctionnement pratique de leurs prérogatives légitimes.

Voici tout d'abord le *plan de mon enseignement*, et je vous indiquerai sommairement ensuite la *marche* que, dans votre intérêt, je vous engage *à suivre*.

D'abord, voici le plan de mon enseignement :

Lorsque j'ai abordé l'exposition du Code civil dans cette Faculté, à ses débuts, en 1865, j'avais à choisir entre deux méthodes également connues :

La méthode dite *dogmatique;*

Et la méthode dite *exégétique*.

La première (la méthode *dogmatique*) consiste à distribuer systématiquement et, suivant l'ordre logique des idées, les divers principes de chaque matière, *sans se*

préoccuper d'ailleurs du mode de distribution adopté par le législateur.

La méthode *exégétique* tombe, elle, dans l'excès contraire : elle suit pas à pas les textes, en les accompagnant d'un simple commentaire, sans aucune division générale.

J'ai pensé que l'*alliance* de ces deux méthodes serait pour vous une excellente initiation aux principes du droit, en vous apportant les avantages de la synthèse, et en vous ramenant d'ailleurs toujours aux textes mêmes du Code civil qui doivent former la base de mes explications.

En conséquence, sur chacun des titres du Code, je vous présenterai tout d'abord une division doctrinale et méthodique : mais ensuite je m'arrangerai pour y faire rentrer les différents textes, *en changeant le moins possible leur ordre numérique.*

J'aurai toujours soin, d'ailleurs, avant de vous expliquer un article, de vous le lire préalablement. C'est toujours, en effet, à la lettre de la loi qu'il faut surtout s'attacher.

Toutefois, n'allez pas croire que j'entende me renfermer exclusivement dans une sèche et froide analyse des formules législatives.

Telle n'est point, à mes yeux, la mission de celui qui enseigne le droit, cette science que Pindare appelait, avec raison, *la reine des mortels et des immortels* (1).

La science juridique n'a pas seulement pour objet l'explication des textes : elle suppose aussi la recherche et la connaissance préalables du type idéal ou rationnel, auquel toute bonne législation doit être ramenée.

Il n'est point permis à l'interprète des lois de s'incliner servilement devant la formule promulguée : il doit, au contraire, porter plus haut son esprit d'investigation, en essayant toujours de remonter aux principes, afin de dégager l'idée vraie du droit : *sursùm corda.*

(1) Plutarque, *Œuvres morales : Il faut qu'un prince soit instruit.*

Cette direction des études est indispensable, si l'on veut former, par l'Ecole, des jurisconsultes sérieux, c'est-à-dire des hommes, unissant au sens pratique le plus net la notion et le culte des règles primordiales de justice et de morale.

Il convient d'éclairer le droit par l'*histoire*, ce monument vénérable de la tradition des siècles, qui nous révèle l'origine, les progrès et la décadence des diverses institutions humaines, avec les causes génératrices de leurs plus importantes vicissitudes. Il faut contrôler la légitimité des lois par la *philosophie*, à laquelle il appartient, en plaçant le devoir à côté du droit, d'affirmer ce qui est bien, ce qui est vrai, au point de vue d'une détermination théorique et absolue. Il faut tenir compte enfin des développements de l'*économie politique* (1), cette science née d'hier et déjà si avancée dans sa formation, qui étudie les lois naturelles du capital et du travail, parlant aux hommes au nom de l'*utile*, comme la philosophie leur parle au nom du *vrai* et du *juste*, comme l'histoire leur parle au nom de l'*expérience*. La jurisprudence ne peut avancer sûrement dans la voie du progrès, qu'autant que ses maîtres prendront soin de puiser aux différentes sources que nous venons d'indiquer : autrement il resterait quelque chose d'incomplet et comme de découronné dans l'exposition du droit positif.

Il est également nécessaire, à mon avis, d'accorder une large place aux décisions des tribunaux, qui, sur beaucoup de points, forment aujourd'hui un dépôt si considérable de maximes et de documents importants. Vous devez vous accoutumer, Messieurs, dès le début, à vous préoccuper, sur chaque question, non-seulement des affirmations de la doctrine, mais encore de ce qui se juge au Palais, tout en réservant, pour tous les cas, la liberté absolue d'examen et de contrôle.

(1) Comparez, sur les rapports de l'économie politique et de la législation, M. Batbie, *Nouveau cours d'économie politique*, t. I (première leçon), page 15.

L'éminent doyen de la Faculté de droit de Caen, M. Demolombe, dit avec raison, dans la préface de son excellent *Cours de Code civil* (t. I, pages IV et VII) : « J'ai toujours déploré cette espèce de divorce que l'on remarque parfois entre la théorie et la pratique, et ces dédains réciproques qu'elles se témoignent si mal à propos de part et d'autre : comme si la théorie, étrangère aux progrès du temps et des mœurs, privée des enseignements de l'expérience, ne devait pas dégénérer bientôt en une vaine spéculation ! Comme si la pratique, sans méthode et sans règles, n'était pas autre chose, à son tour, qu'une pitoyable et dangereuse routine !... Rien n'est donc plus nécessaire et plus désirable que leur alliance, pour conserver à la science du droit son caractère essentiel, pour la maintenir dans sa voie, pour la diriger enfin vers le but marqué à ses efforts, c'est-à-dire vers un but d'application utile, positive et pratique, *ad usum communis vitæ* (*Leibnitz*, *Nova Methodus*) : car tel est véritablement le droit, science active et militante, toujours en présence des faits qu'elle a pour mission de gouverner. Et voilà bien pourquoi les jurisconsultes se forment et s'éclairent, non moins que dans les livres, par l'observation attentive des mœurs et des besoins de la société, et de tous les intérêts comme de toutes les passions qui s'y agitent.... — *Veram philosophiam, non simulatam affectantes !* (L. 1, § 1, ff. *de justitiâ et jure.*) Je remarque d'ailleurs aussi, d'année en année, combien plus nos jeunes disciples apprécient la nécessité d'un enseignement qui leur permette de passer de l'Ecole au Palais, sans être obligés de recommencer, pour ainsi dire, leurs études, sans être exposés aux perplexités et aux découragements qui sont presque toujours les premiers fruits de cette instruction vague et abstraite, qui n'a rien appris de tout ce qui est et de tout ce qui se fait dans la réalité. »

J'ajoute que cette union si désirable de la théorie et de la pratique est, au fond des choses, bien facile à réaliser : il suffit que le professeur, sans rien abdiquer d'ailleurs de son indépendance d'appréciation, prenne soin de préciser, à propos de chaque question controversée, et après l'avoir résolue avec une liberté complète, quel est l'état actuel de la jurisprudence pratique, par le renvoi à l'un des arrêts ou des jugements les plus récents.

Pour ma part, je ne manquerai jamais de le faire, en telle sorte que vous trouverez toujours dans mon cours, à côté du développement doctrinal des difficultés juridiques, l'indication de la manière dont elles sont le plus habituellement tranchées par les tribunaux, — *series rerum perpetuò similiter judicatarum.* (L. xxxviii, ff. *de legibus.*) Ce point formera même souvent l'objet de mes interrogations à l'époque des sessions d'examens.

Par ce mode d'enseignement, Messieurs, vous serez constamment mis à même de pouvoir suivre pas à pas les progrès et l'application de la science à l'interprétation de laquelle la vie de la plupart d'entre vous doit être consacrée : et quand, vous et moi, nous nous retrouverons plus tard, au terme de nos travaux d'école, dans la grande confraternité du barreau, j'aurai la consolation et la joie d'avoir pu vous épargner plus d'un embarras, en vous initiant, par avance, au mouvement de la vie et des affaires qui vous saisira et vous emportera bientôt.

En dernière analyse, rechercher d'abord ce qui est *rationnel*, puis ce qui est *légal*, en tenant un compte suffisant de la *tradition historique*, enfin préciser ce qui serait *pratique* et *économiquement* utile, telle sera, devant vous, ma préoccupation constante.

Mais pour voir mes efforts couronnés de succès, j'ai absolument besoin de votre concours à la fois dévoué et éclairé : ceci m'amène à vous indiquer la *marche* que, dans votre intérêt, je vous engage à *suivre*.

Ma première recommandation, c'est *l'exactitude aux leçons de la Faculté*. Et n'allez pas croire que j'obéisse, en vous donnant ce conseil, à un sentiment puéril d'égoïsme ou d'amour-propre. Tenez pour certain que la fréquentation assidue des cours est, pour vous, le meilleur moyen de bien apprendre, et de préparer facilement vos examens de fin d'année. Je vous affirme que, le peu que je sais moi-même, je le dois surtout à l'école. Vous rencontrerez, d'ailleurs, dès cette année, un certain nombre de lois nouvelles, dont l'explication ne se trouve pas dans les commentaires classiques, par l'excellente raison que ces commentaires étaient déjà publiés au moment de leur promulgation. A ce point de vue, rien ne peut remplacer pour vous la fréquentation de l'école.

Toutefois, ce n'est pas tout d'assister à un cours, de l'écouter attentivement, ni même de saisir, au fur et à mesure qu'elles se produisent, les explications qui vous sont données. Les principes, exposés dans la leçon orale, s'effaceraient promptement de votre esprit, si vous ne preniez soin de les fixer, dans votre souvenir, par l'écriture. Il faut donc assister au cours, la plume à la main, et *prendre des notes*, que vous relirez ensuite, que vous rédigerez au besoin et que vous compléterez, en tout cas, par la lecture d'un bon livre élémentaire.

La rédaction des notes, par vous recueillies, vous procurera un triple avantage : vous arriverez ainsi à mieux préciser les idées développées devant vous ; vous vous habituerez plus rapidement au langage juridique ; enfin, vous aurez, à la fin de vos études, un traité complet, souvent fort utile à consulter, sur chaque partie de la législation.

Sans doute, quelquefois, vous vous trouverez dans l'impossibilité, faute de temps, de rédiger entièrement, après coup, les notes prises au cours : en vue de cette éventualité, prenez l'habitude de recueillir vos notes sur la moitié d'une feuille de papier pliée en deux parties, de manière à vous réserver une moitié disponible pour recevoir les adjonctions complémentaires que vous suggéreront soit vos souvenirs, soit la lecture des auteurs.

Ne perdez pas de vue, d'autre part, que le plus sûr moyen de prendre facilement de bonnes notes consiste dans une *préparation, faite à l'avance, de la matière* qui doit être expliquée au cours. Je vous soumets là un conseil pratique fort utile et trop souvent négligé.

Habituez-vous à *étudier attentivement les textes*, et ne vous bornez pas aux commentaires qui seront dans vos mains. Venez au cours, en apportant un Code; car les articles traités seront lus en chaire, et je ne manquerai jamais de soigneusement préciser, tout d'abord, les hypothèses prévues par chacun d'eux. Tenez pour certain que la solution des questions les plus ardues se trouve toujours, en dernière analyse, dans les textes qui constituent, pour nous, la loi vivante, la loi applicable et obligatoire.

La connaissance des textes vous sera encore indispensable au point de vue des examens et des concours de fin d'année (1).

Je vous conseille enfin, Messieurs, l'inscription aux *conférences facultatives*, dirigées par MM. les agrégés de la Faculté. Les droits universitaires sont peu élevés : ils ont été portés à soixante francs par an une fois payés. Le profit que vous pourrez retirer de cette institution est considérable : il existe surtout au triple point de vue que voici : — 1° Vous y trouverez une grande économie de temps et de travail, avec la certitude de n'abandonner aucun principe, sans l'avoir bien compris; en effet, vous exposez vos doutes au maître de conférences : celui-ci vous donne immédiatement l'explication demandée, ce qui vous épargne des recherches toujours longues et des embarras quelquefois inextricables; — 2° Vous vous accoutumez à parler le langage juridique, à bien poser et saisir les questions, à vous exprimer correctement, ce qui est essentiel dans toutes les carrières auxquelles pourra vous mener l'étude du droit; — 3° J'ajoute que,

(1) Le professeur entre habituellement ici dans quelques détails sur l'organisation des *concours* et sur les avantages qui y sont attachés, sur les *examens* d'école, enfin sur les *livres élémentaires* qu'il convient d'adopter. Il recommande la lecture des *travaux préparatoires* du Code civil (recueil Locré ou recueil Fenet) à ceux qui veulent se bien pénétrer de l'esprit des lois.

comme préparation prochaine aux examens, la fréquentation des conférences est un élément considérable de succès : non-seulement, en effet, vous êtes ainsi familiarisés avec les difficultés qui pourront vous être soumises ; mais encore, vous retrouverez, dans le jury d'examen, votre maître de conférences prêt à vous soutenir et à vous encourager.

Surtout, n'attendez pas, pour vous faire inscrire, les deux derniers mois de l'année, comme plusieurs ont eu, par le passé, l'habitude de le faire : sans doute, mieux vaudrait tard que jamais ; mais vous obtiendriez des résultats moins avantageux, parce que vous ne pourriez voir alors, en détail, que la partie des matières à l'étude de laquelle seraient arrivés vos condisciples.

Enfin, ai-je besoin de vous prémunir contre cette idée peu réfléchie, suivant laquelle la première année de droit serait d'une médiocre importance, et pourrait être, sans grand inconvénient, consacrée presque toute entière aux douceurs du *far niente* et à la dissipation, sauf à travailler à l'approche du dernier mois précédant l'examen? Une semblable pensée, vous le pressentez d'avance, serait absolument contraire à la vérité, et son application pratique pourrait vous devenir singulièrement fatale : travaillez plutôt, afin de préparer les assises de fortes études, et de n'avoir pas à regretter plus tard le temps imprudemment perdu.

Que s'il vous reste parfois quelques loisirs, ne négligez pas l'étude des lettres, littérature classique, littérature contemporaine, littérature ancienne : car, les lettres et le droit se prêtent un mutuel appui ; et si j'avais la mission de vous faire connaître la biographie de nos grands jurisconsultes (1), je vous les montrerais se reposant des fatigues de consultations épineuses, par la culture des belles-lettres, et puisant à cette source élevée les meil-

(1) Comparez l'excellent livre de M. Bardoux, intitulé : *Les légistes et leur influence sur la société française* (libr. Germer-Baillère, 108, Boulevard Saint-Germain).

leures inspirations de leurs éloquentes plaidoiries comme de leurs savants écrits : rappelez-vous Cicéron, orateur et praticien à la fois, s'écriant dans ce magnifique langage dont il a le secret : « *Hæc studia adolescentiam alunt, senectutem oblectant, secundas res ornant, adversis perfugium ac solatium præbent; delectant domi, non impediunt foris; pernoctant nobiscum, peregrinantur, rusticantur.* — Les lettres servent d'aliment à l'adolescence et d'amusement à la vieillesse; elles embellissent nos jours prospères, et nous offrent, dans le malheur, un refuge, une consolation : elles veillent avec nous; elles nous accompagnent dans nos voyages; elles nous suivent encore aux champs. » (Cicéron, *pro Archiâ poetâ*, chap. VII.)

J'ajoute une observation : peut-être, surtout dans les premiers temps, rencontrerez-vous des difficultés imprévues; peut-être trouverez-vous dans quelques-unes de mes explications des obscurités ou des lacunes : car je ne me flatte pas de pouvoir atteindre toujours à une irréprochable clarté, ni d'éviter toujours les omissions, les erreurs même : « *Errare humanum est.* » Je serai alors à votre disposition pour dissiper vos doutes et lever vos scrupules.

J'ai, ainsi, Messieurs, accumulé les conseils pratiques de toute sorte : cela m'a paru indispensable, pour vous éviter des erreurs préjudiciables à vos intérêts. Plus la science que vous vous proposez d'étudier est utile et élevée, plus aussi il est du devoir de ceux qui l'enseignent de vous prémunir contre les écueils possibles et contre les procédés défectueux d'initiation. Le jurisconsulte Ulpien nous apprend que la *jurisprudence* est la connaissance à la fois des choses divines et humaines, — *divinarum atque humanarum rerum notitia*, — parce que, en effet, recevant ses inspirations de la morale la plus pure, elle leur imprime la sanction du pouvoir social, après les avoir appropriées aux exigences du temps et du pays : science active et militante, toujours aux prises avec les faits de la vie pratique, elle est nécessairement l'expression la plus haute, la plus éclatante de la civilisation des peuples : science de raisonnement, elle développe l'intelligence, et elle agrandit les idées.

Voilà bien pourquoi le même Ulpien, caractérisant la mission des adeptes du droit, « *juri operam daturi*, » leur présentait la mission du jurisconsulte comme un véritable sacerdoce : *meritò quis nos sacerdotes appellet; justitiam namque colimus, et boni et æqui notitiam profitemur; æquum ab iniquo separantes, licitum ab illicito discernentes; bonos non solum metu pœnarum, verùm etiam præmiorum quoque exhortatione efficere cupientes; veram, nisi fallor, philosophiam, non simulatam affectantes.* »

Pour moi, Messieurs, je considérerai mon œuvre comme accomplie, si, au sortir de vos trois années d'école, vous emportez dans les différentes carrières de votre choix, avec une connaissance suffisante de la théorie et l'instinct de la pratique, le goût de l'étude, l'amour des choses élevées, le culte du beau, du vrai et du juste : car c'est là le fond du droit, appelé à former les citoyens et à tremper les caractères.

L'avenir de la France est entre les mains des hommes de travail, comme il est aussi dans les mains des hommes d'action. A vous et à eux il appartiendra de relever la grandeur du pays. En attendant, n'oubliez pas que la patrie est pour nous tous, aujourd'hui, la pauvre mère blessée. Vous êtes son espoir et son avenir : entourez-la de votre amour passionné, et surtout gardez-vous bien de l'envelopper dans les plis étroits du drapeau des partis.

Soyez soucieux d'élargir sans cesse le cercle de vos connaissances : il ne vous est permis, en effet, de rester étrangers à aucune des conquêtes de l'initiative contemporaine. C'est aux jurisconsultes surtout que s'appliquent ces belles paroles du poète :

Quidquid agunt homines, votum, timor, ira, voluptas,
Gaudia, discursus, nostri est farrago libelli.

(JUVÉNAL.)

Observez toujours ces trois préceptes de l'honnête homme et du bon citoyen : — *Honestè vivere*, — *alterum non lædere*, — *suum cuique tribuere*. Si vous n'échappez pas toujours aux passions, sachez au moins éviter la bassesse.

Soyez assurés, quelles que puissent être les incertitudes ou les agitations de certaines heures, que le juste et l'utile sont toujours finalement unis : ceux qui pensent autrement n'ont regardé, dans la vie, ni assez longtemps, ni assez loin. Jamais, dans votre conduite, l'idée du juste ne doit s'effacer dveant les combinaisons mesquines du calcul et de l'intérêt.

Il en est de l'ordre moral et de l'ordre juridique comme de l'ordre physique : parfois aussi, dans la nature, le soleil lui-même semble s'obscurcir et se couvrir comme d'épaisses ténèbres; mais bientôt les sombres nuages ont passé, et la lumière reparaît plus resplendissante et plus belle dans sa renaissante clarté.

De même, les grands principes, qui constituent le *palladium* des sociétés modernes, semblent parfois prêts à disparaître dans l'abîme; la vérité semble s'éclipser derrière les négations audacieuses. Mais, tôt ou tard, les lois recouvrent leur empire, et elles reviennent sauver la société, après des épreuves passagères.

N'oubliez pas ce mot célèbre de Mirabeau s'écriant, au seuil de la Révolution française, au milieu de l'écroulement immense d'un ordre de choses qui avait eu ses siècles de grandeur et de gloire : « Quoi qu'il arrive, le » droit est, et il restera le souverain légitime et le dominateur nécessaire du monde. »

Douai, le 10 décembre 1878.

DANIEL DE FOLLEVILLE.

NOTION

DU DROIT ET DE L'OBLIGATION

Première leçon.

1. Le programme du premier examen de baccalauréat en droit comprend, pour le Code civil, le premier et le dernier article du titre préliminaire avec les deux premiers livres du Code civil, en retranchant toutefois du titre IV (livre 1er), consacré à la *Théorie des absents*, les deux premières sections du chapitre III. (Arrêté du Conseil royal de l'instruction publique du 22 septembre 1843, relatif aux examens dans les Facultés de droit).

2. La connaissance de certaines notions philosophiques, historiques et terminologiques constitue le préliminaire indispensable d'une étude fructueuse du Code civil : de là, la nécessité d'une *Introduction générale* servant d'initiation à l'étude du droit et au cours de première année.

INTRODUCTION GÉNÉRALE (1).

2 *bis*. Cette introduction sera divisée en quatre chapitres :

(1) Consulter : M. Minier, *Précis historique du droit français et introduction à l'étude du droit*; — M. Eschbach, *Introduction générale à l'étude*

Chapitre premier : — Notions philosophiques et juridiques sur la loi, la morale et le droit; différentes divisions du droit;

Chapitre second : — Théorie sommaire des différentes espèces de devoirs (*sensu lato*) ou d'obligations. — Distinction des droits réels et des droits personnels (1);

Chapitre troisième : — Notions abrégées sur les principales divisions historiques et sur les sources du droit civil français (2);

Chapitre quatrième : — Notions générales sur l'organisation actuelle des pouvoirs publics français (3).

CHAPITRE PREMIER

Notions philosophiques et juridiques sur la loi, la morale et le droit. — Différentes divisions du droit.

3. Comment convient-il d'abord de définir la *loi?*

On a donné bien des définitions différentes de la loi, et leur grand nombre justifie une fois de plus la vérité de cet adage célèbre : *Omnis definitio in jure periculosa est.*

4. Suivant M. Perreau, « les lois sont les résultats nécessaires des rapports que les choses ont entre elles et avec nous, et l'obligation de nous conformer à ces mêmes rapports. » — D'après Montesquieu (*Esprit des lois*,

du droit; — M. de Fresquet, *Précis d'histoire des sources du droit français depuis les Gaulois jusqu'à nos jours* (ouvrage spécialement destiné à MM. les étudiants); — M. Boistel, *Cours élémentaire de droit naturel ou de philosophie du droit, suivant les principes de Rosmini.*

(1) La matière de ces deux premiers chapitres est exposée dans la présente brochure.

(2) Voyez, sur ce point, notre *Introduction historique à l'étude du Code civil*, pages 7 à 59.

(3) Voyez, sur cette question, notre *Introduction historique à l'étude du Code civil*, pages 59 à 71; — aj. notre brochure intitulée, *De la promulgation et de l'application des lois et des décrets;* — Comparez notre *Sommaire du cours de Code civil* (1er examen), nos 1 à 211.

liv. 1er, chap. 1er), « les lois sont les rapports nécessaires qui dérivent de la nature des choses. » — Une autre définition, également fort générale, consiste à dire que la loi est « l'ensemble des règles qui régissent les êtres, soit animés, soit inanimés. » Comparez M. Boistel, *Cours élémentaire de droit naturel*, chap. 1er, p. 35 à 54. Ajoutez notre *Sommaire des prolégomènes du cours de Code civil*, nos 3 à 7.

5. Ces définitions ont le défaut de ne contenir aucune notion spéciale au *droit* : si vous vous placez à ce point de vue, tous les êtres ont leurs lois, ainsi que le fait remarquer, du reste fort justement, Montesquieu (*Op. cit.*, p. 4) : la divinité a ses lois, le monde matériel a ses lois, les intelligences supérieures à l'homme ont leurs lois, les astres eux-mêmes, dans leur magnifique révolution à travers l'espace, obéissent à des lois fixes et immuables; les animaux ont leurs lois, l'homme a ses lois. Tout cela est vrai : mais pour nous, qui entendons nous placer ici au point de vue exclusif du droit, nous ne pouvons pas accepter ces définitions, comme contenant la vraie notion de la loi, telle qu'elle se révèle aux yeux du jurisconsulte. L'idée du droit, en effet, suppose essentiellement trois choses : 1° l'intelligence pour comprendre la loi ; 2° la liberté pour choisir, à ses risques et périls, entre l'observation et la violation des lois; 3° enfin, la sanction de la puissance publique, intervenant pour imprimer son autorité aux préceptes juridiques, de manière à ce que l'accomplissement extérieur en puisse être exigé en justice. Ce qui distingue donc la loi véritable de tout ce qui n'est pas elle, c'est son caractère *obligatoire* : la notion intime de la loi suppose toujours l'existence d'une règle qui s'impose, parce qu'elle a été votée par les mandataires de la nation, puis régulièrement promulguée et publiée par l'autorité compétente du temps et du pays. Voyez M. Demolombe (*Cours de Code civil*, t. I, nos 3 et 4).

6. Je passe à une nouvelle définition, qui, elle, semble

se rapprocher davantage de l'objet de vos études : « La loi, dit M. Demante (*Cours analytique de Code civil*, t. I. Introduction, sect. 1, n° 4), est la *règle des actions humaines.* » — L'homme est à la fois membre de la grande famille terrestre, et citoyen d'une nation particulière : à ces deux points de vue, il est soumis à l'observation de certains principes, établis par une volonté supérieure, pour le diriger durant sa vie : « C'est de Dieu, dit M. Demante (*loc. cit.*), qu'émanent les premières lois; et sans parler de celles qu'il nous a manifestées par une révélation extraordinaire et qui nous sont enseignées par la religion, il en est d'autres qu'il a invariablement attachées à notre nature, et qu'il a rendues tellement inséparables de la raison, qu'elles ont été connues et observées par les païens eux-mêmes. C'est dans nos cœurs que nous trouvons le sentiment de l'existence et de la toute-puissance de Dieu, d'où naît l'obligation de lui rendre un culte et celle de conformer nos désirs particuliers à ses volontés. C'est là que nous trouvons cet amour raisonnable et éclairé de nous-mêmes qui nous fait tendre à notre conservation, à notre bien-être, mais qui, loin de nous porter jamais à faire tort à autrui, reconnaît au contraire pour première loi la justice qui consiste dans la volonté ferme et perpétuelle d'attribuer et de rendre à chacun ce qui lui appartient. »

Les développements donnés par M. Demante à sa définition vous montrent, par avance, combien elle manque de précision au point de vue juridique : dire que la loi est la *règle des actions humaines*, c'est, par l'absence d'une spécialisation suffisante, se mettre dans l'impossibilité de pouvoir ensuite tracer la ligne de démarcation entre la législation d'une part, et d'autre part, la religion, la morale et la philosophie, dont l'objet est également de fournir aux hommes des règles d'action et de conduite : Comp. M. Demolombe, t. I, n° 3.

7. Je préfère définir la loi, en disant que c'est une règle établie par l'autorité législative d'un pays, et à

laquelle les citoyens de ce pays sont tenus d'obéir, parce qu'elle émane de l'autorité qui, d'après la constitution politique, a le pouvoir de commander, de défendre ou de permettre dans toute l'étendue de l'Etat. Voilà la vraie notion de la loi pour les magistrats et pour les jurisconsultes : c'est la loi positive, civilement et juridiquement obligatoire, dont l'exécution est garantie par l'autorité du pays dans lequel elle est promulguée.

Quant au droit, considéré comme science, il est le résultat ou la collection des différentes règles présentant ce caractère exécutoire : je vous proposerai, dès lors, en ce qui le concerne, la définition suivante : *Le droit est l'ensemble, scientifiquement coordonné, des règles promulguées et juridiquement exécutoires, que la raison et la justice imposent à ceux des rapports humains que l'utilité sociale ne permet pas d'abandonner à la souveraineté du libre arbitre.*

8. L'on a coutume de reconnaître quatre espèces différentes de lois, d'après la classification suivante empruntée à la loi 7, Dig. *de Legibus*, liv. I, tit. 3 : « *Legis virtus hæc est : imperare, vetare, permittere, punire.* » On peut, en effet, distinguer quatre espèces de lois, savoir : les lois impératives, les lois prohibitives, les lois permissives et les lois pénales :

A. Les lois *impératives* sont celles qui imposent à une personne une obligation absolue et rigoureuse : — par exemple, donner des aliments à ses parents dans le besoin (art. 205 et suivants), — ou encore accepter la tutelle, sauf les cas de dispense, d'excuse, d'incapacité, ou d'exclusion (art. 390, 427, 442 et suiv.) ; — ajoutez les art. 203, 212, 213, 214, etc. ;

B. La loi devient *prohibitive*, lorsqu'elle défend un acte ou une chose : exemples : art. 144, 147, 374, etc. ;

C. La loi est dite *permissive*, lorsqu'elle offre une simple faculté, dont chaque citoyen peut, à son gré, user ou ne pas user : le nombre des lois permissives est fort considérable dans le Code civil : nous citerons notamment les lois qui consacrent le droit de se marier, de tester, de vendre, de louer, etc.;

D. Les lois *pénales* sont celles qui s'occupent de la répression, qui prononcent des peines contre tel ou tel acte. Considérées à ce point de vue, ces sortes de lois ne nous paraissent pas constituer une quatrième division distincte. ni former une classe particulière. Elles se confondent bien plutôt avec les lois impératives et prohibitives, dont elles sont le complément naturel, puisqu'elles en assurent l'accomplissement, par leur sanction. Comparez M. Demolombe, t. I, nº 15.

9. A côté des lois, il convient de placer les règlements d'administration publique (1), les décrets (2), les

(1) « Les règlements d'administration publique, dit M. Pradier-Fodéré, sont les actes par lesquels se manifeste l'autorité du chef de l'Etat, en vertu d'une délégation du pouvoir législatif, délégation toute constitutionnelle. Comme la loi, ils ont force obligatoire; comme elle, ils sont insérés au *Bulletin des lois*, et sont promulgués. Mais ils en diffèrent par leur origine, et s'ils s'étendent dans l'avenir par leur prévoyance, s'ils embrassent certaines généralités dans leur objet, ils n'ont pas le caractère de permanence qui est propre à la loi.... A la loi appartiennent toutes les mesures permanentes et durables qui intéressent la généralité des citoyens; au règlement, les dispositions accidentelles et passagères qui sont susceptibles de modifications d'après les lieux. Les questions qui exigent une décision immédiate et des connaissances techniques sont du domaine des règlements, tandis que celles qui réclament l'appareil de formes lentes et solennelles, doivent être résolues par le législateur.... Tous les règlements d'administration publique doivent être précédés d'une délibération du conseil d'Etat, et être promulgués. La haute importance de ces règlements justifie l'intervention du conseil d'Etat, qui donnera à la rédaction l'ordre, la simplicité, la clarté désirables, assurera l'unité d'application des règles administratives, et empêchera que, pour des cas semblables, les solutions ne varient avec les services ou avec les départements ministériels. » Comparez la loi des 24-31 mai 1872, portant réorganisation du conseil d'Etat, article 8.

(2) M. Cabantous, dans ses *Répétitions écrites* sur le *droit public et administratif*, nºˢ 7 à 9, signale comme source de la législation administrative, en outre des lois, les décrets, les arrêtés du gouvernement et les règlements d'administration publique. On a toujours désigné, dit-il, sous le nom de *lois*, les actes émanés « du pouvoir législatif, quelle que fût d'ailleurs la composition de ce pouvoir. Quelquefois, cependant, des actes, ayant force de loi, ont été appelés *décrets*, notamment aux époques de dictature individuelle ou collective... On distingue, parmi les divers actes que nous venons de mentionner, ceux nommés *organiques*, ceux qualifiés de *réglementaires*, et ceux ne portant aucune qualification particulière. Les premiers sont ceux qui ont pour

arrêtés, les circulaires émanant des diverses autorités agissant dans la sphère de leurs attributions respectives : — *legis habent vigorem*. Il faut toutefois observer, en ce qui concerne les circulaires ministérielles, qu'elles sont obligatoires seulement pour les agents de l'administration relevant du ministre qui les a faites. Comparez, sur cette division des actes du gouvernement, le *Précis de droit administratif* de M. Pradier-Fodéré (7e édit. 1872), pag. 456 à 464, et pag. 775 à 776.

10. La loi constate nos droits, elle les formule, elle en organise l'application et le fonctionnement : mais elle ne les crée pas : elle doit toujours tenir grand compte des principes suivant lesquels la richesse se produit, circule et se distribue. Non-seulement, du reste, le législateur doit respecter les règles essentielles de l'économie politique, mais encore il doit observer les préceptes de la

objet l'organisation de quelque branche de l'administration publique; les seconds sont ceux destinés à régler les formes d'exécution, et qui, par conséquent, auraient pu émaner du pouvoir exécutif tout aussi bien que du pouvoir législatif; les troisièmes, de beaucoup les plus nombreux, sont ceux qui, ne présentant, d'une manière précise, ni l'un ni l'autre de ces deux caractères, sont seulement qualifiés par leur objet.... Les *arrêtés du gouvernement*, les *décrets* et *ordonnances royales* ont cela de commun que, sous des noms divers suivant les diverses époques, ce sont toujours des actes du pouvoir exécutif. La dénomination d'*arrêtés du gouvernement* fut plus particulièrement employé sous le directoire et sous le consulat. Celle de *décret* correspond aux deux empires et à la seconde et troisième république. Celle d'*ordonnance royale* se réfère aux deux royautés de 1814 et de 1830. — Les *règlements d'administration publique* sont aussi des actes du pouvoir exécutif, mais avec délibération préalable du conseil d'Etat. Ce n'est que sous l'empire de la constitution du 4 novembre 1848, qu'il y a eu une classe de règlements d'administration publique étrangère à l'action du pouvoir exécutif : c'étaient ceux que faisait le conseil d'Etat par délégation du pouvoir législatif. — Il est d'usage de distinguer les règlements d'administration publique, des *décrets ou ordonnances royales rendus* DANS LA FORME *des règlements d'administration publique*. Les seconds ne diffèrent des premiers que par leur objet moins général, et, en quelque sorte, plus individuel. C'est ainsi que les autorisations des communautés religieuses, des dons et legs aux établissements publics, des sociétés anonymes de commerce, sont accordées par des décrets rendus dans la forme des règlements d'administration publique. » Comparez M. Dalloz, *Répertoire de législation, de doctrine et de jurisprudence*, *Verbis*, lois, décrets, règlements d'administration publique, arrêtés, cicurlaires, etc.

morale : sans doute, sa mission ne consiste pas à formuler toute la morale, et à en assurer indistinctement l'application : mais, du moins, il ne doit jamais la méconnaître. En effet, une législation tout à fait arbitraire, c'est-à-dire qui, satisfaisant seulement au caprice d'une ou de plusieurs personnes, ne répondrait pas aux idées, aux vœux et aux besoins de ceux pour lesquels elle est faite, serait condamnée dès sa naissance et ne saurait durer. Lorsque vous verrez une loi vivre et se faire accepter universellement dans la pratique, vous pourrez affirmer, sans crainte de vous tromper, que cette loi, quelles que soient ses défectuosités, avait une sérieuse raison d'être : l'on ne saurait admettre, dit M. Acollas (*De l'idée du droit*, page 22), sans nier tout ordre du monde ou sans violer la logique la plus manifeste, « que la loi d'un être puisse se trouver en désaccord avec la nature de cet être; dès lors, la loi qui concerne les hommes, loi juridique ou morale d'ailleurs, est imposée par la nature des hommes, ceux-ci ne pouvant évidemment être reliés les uns aux autres, que de la manière que détermine et que commande cette nature. — Le législateur n'est donc pas libre de faire la loi à sa fantaisie, et il ne saurait y avoir d'erreur plus grosse, soit en elle-même, soit par les périls qu'elle entraîne, que la foi à l'*omnipotence du législateur*. — Sans doute, il est fort possible que le législateur se trompe, et s'il a devant les yeux un autre objectif que la nature humaine, c'est, en effet, ce qui ne manquera pas d'arriver; mais, bien que la société éprouve un grave dommage lorsque le législateur y promulgue des lois mauvaises, ce n'est encore là qu'un accident auquel il peut être aisément porté remède, si d'ailleurs ne règne pas l'opinion générale que le législateur possède un droit discrétionnaire, et que son rôle n'est point uniquement borné à *déclarer* la règle du juste.... Persuadons-nous donc bien que la loi en elle-même échappe absolument à l'empire de l'arbitraire, et que ce qui peut seul y introduire cette détestable semence, ce sont les mauvaises institutions et les esprits incapables ou pervers. Et que de personnes cependant admettent encore cette fausse parole de Rousseau : « *La loi est l'expression de la volonté générale*, » comme si la volonté générale pouvait changer l'ordre des choses ! » Comparez *Manuel de droit civil*, t. I, Introd. page v.

11. Ces considérations nous amènent naturellement à comparer les lois positives avec la morale proprement dite, pour préciser les différences existant entre ces deux ordres d'institutions : nous ramènerons ces différences aux trois suivantes :

1° La morale engendre des *devoirs* dont la sanction unique se rencontre dans la conscience humaine : les lois positives admettent, en outre, le supplément d'une coercition extérieure et sociale, à l'aide de l'action en justice : elles engendrent l'*obligation*, justement définie par le regrettable M. Oudot, « une nécessité morale reconnue et sanctionnée par le législateur, qui, pour la faire respecter, met à la disposition de celui qui le réclame, la force publique ; »

2° Le domaine de la morale est beaucoup plus étendu que celui du droit : car la morale comprend non-seulement tout ce qui rentre dans la sphère du droit, mais en outre la partie du juste que ne comprend pas le droit, et au delà de la notion du juste, toute l'idée du bien. La formule de la morale, dit M. Acollas (*Manuel de droit civil*, Introduction, page IV, t. I.), est celle-ci : « Sois libre toi-même ; — respecte la liberté des autres ; — aime les autres. La formule du droit est celle-ci : Respecte la liberté des autres. » Telle est, en effet, la traduction exacte de l'idée du juste ;

3° Les règles de la morale sont universelles dans leur application, et immuables dans leur existence : les lois positives, au contraire, sont habituellement particulières, locales et contingentes. Comparez M. Mourlon, *Répétitions écrites*, t. I, Introduction, n° 3 ; et M. Boistel, *Cours de droit naturel*, pages 55 et suivantes.

Je vous ferai encore observer que la morale elle-même peut être considérée, soit comme une dépendance et une annexe de telle ou telle religion, soit comme une science particulière, comme un chapitre de la psychologie. Le premier aspect nous met en face de la morale religieuse. laquelle se rattache à un ensemble de dogmes et de croyances. Si nous nous plaçons au second point de vue, nous nous trouvons en présence de la morale humaine, que j'appellerais volontiers la morale indépendante, si l'on n'y avait attaché, dans la pratique, une signification inexacte (1), en la constituant en état d'antagonisme avec l'idée religieuse. Cette dernière morale a sa base véritable dans la conscience des hommes, et c'est elle qui sert surtout de guide aux législateurs et aux juges, particulièrement dans notre pays, où la liberté des cultes a toujours été proclamée par les diverses constitutions qui se sont succédé depuis la Révolution française de 1789. M. Laurent, dans ses *Principes de droit civil*, t. I, n° 56, s'exprime, sur ce sujet, de la manière suivante : « Il n'y a pas de distinction à faire entre les diverses classes de la société, quand il s'agit de mœurs; la morale doit être la même pour tous les hommes. Mais où chercher cette morale qui servira de règle au juge? Est-ce la morale religieuse? Tel sera certes le sentiment du juge, s'il est catholique. Si la société entière était catholique, la difficulté serait levée, il n'y aurait qu'une morale religieuse. Est-il nécessaire d'ajouter qu'il y a plusieurs religions, et qu'elles ne s'accordent pas toujours sur la morale? Trouverons-nous plus de certitude dans la morale philosophique? Les philosophes sont divisés aussi bien que les religions. Est-ce à dire que le juge est sans règle en cette matière? Non; on exagère, quand on se

(1) C'est là ce qui faisait dire à Mgr Dupanloup, dans la séance de l'Assemblée nationale du jeudi 9 janvier 1878 (voir *Officiel* du 10) : « La morale indépendante, c'est une loi sans législateur, c'est une loi sans tribunaux et sans juges, c'est une loi sans contrôle et sans sanction. Par conséquent, c'est une loi absolument vaine en présence des passions. »

plaint de l'incertitude de la morale; il faudrait dire que la morale est progressive; elle change donc, mais en s'épurant, en se perfectionnant. Et quel est l'organe de ce progrès incessant? La conscience humaine. Il y a, à chaque époque de la vie de l'humanité, une doctrine sur la morale, que la conscience générale accepte, sauf des dissidences individuelles qui ne comptent pas. En ce sens, on pout dire qu'il y a toujours une morale publique; les conventions contraires à cette morale seront, par cela même, contraires aux bonnes mœurs, et, comme telles, frappées de nullité. » Comparez les articles 6, 900, 1131, 1133 et 1172.

12. Revenons à la notion spéciale du *droit*, pour indiquer les différentes acceptions de cette expression. Elles peuvent être ramenées aux quatre suivantes :

1° Le mot droit désigne l'ensemble des règles d'un certain ordre, qui gouvernent l'homme : ex. : droit civil, droit commercial, droit maritime, droit criminel, droit français en général. Pris dans ce premier sens, le mot droit est synonyme de loi : on dit indifféremment : le droit français ou la loi française. Au reste, le droit et la loi auraient, si l'on en croit certains auteurs, une étymologie à peu près identique : le mot droit viendrait du verbe latin *dirigere*, de même que le mot loi serait un dérivé du verbe *obligare* : ces deux étymologies éveillent effectivement, l'une et l'autre, l'idée d'une direction imprimée à l'homme, d'un lien qui l'astreint, d'une obligation qu'il ne lui est pas loisible de répudier;

2° Dans une seconde acception, le mot droit signifie *la science des lois*, c'est-à-dire l'ensemble, scientifiquement coordonné, des règles promulguées et juridiquement exécutoires, que la raison et la justice imposent à ceux des rapports humains que l'utilité sociale ne permettait pas d'abandonner à la souveraineté du libre arbitre. C'est en ce sens que Celsus a dit : « *Jus est ars boni et æqui;* »

3° Le mot droit exprime encore l'idée d'une pure

faculté, d'une prérogative garantie, dans son exercice, par la loi promulguée : c'est en ce sens que l'on dit : le droit de puissance paternelle, le droit de propriété, le droit de tester, le droit de se marier, le droit de bâtir ou de ne pas bâtir ;

4° Quelquefois enfin le mot droit est pris par opposition au mot *équité*, pour exprimer ce que la loi positive permet, ordonne, ou défend. C'est ainsi que l'on dit : telle décision doit être prise *en droit* : mais l'*équité* commanderait une autre solution.

13. Le mot *jurisprudence* peut également être pris dans plusieurs acceptions pratiques qu'il importe de connaître :

1° Il signifie la science acquise du droit, *prudentia juris :* les Romains disaient, en effet, « *jurisprudentes*, » aussi bien que « *jurisconsulti.* » (*Instit.* liv. I, tit. 1er et 2.) Je dois ajouter toutefois que cette première signification, purement romaine, n'est plus guère usitée de nos jours ;

2° Il est quelquefois pris comme synonyme du mot droit : on dit indifféremment : la jurisprudence française ou le droit français ;

3° Enfin, il exprime l'habitude où est une Cour de juger telle question d'une manière uniforme : il désigne également le résultat même de cette habitude, c'est-à-dire l'ensemble des décisions qu'une Cour rend toujours, lorsqu'une difficulté déterminée lui est soumise : « *Auctoritas rerum perpetuò similiter judicatarum.* » (L. 38. ff. *de leg.*) C'est même là l'acception la plus usitée : c'est ainsi que l'on dit : la jurisprudence de la Cour de cassation, la jurisprudence de la Cour de Douai sont fixées en tel sens sur telle question.

14. Le mot *législation* a aussi plusieurs sens différents :

1° Il signifie l'ensemble des lois existantes : il est alors synonyme du mot droit : c'est en ce sens que l'on dit : la législation française ou le droit français ;

2° Il exprime aussi quelquefois ce qui devrait être, par opposition à ce qui est : alors, au contraire, on le place en antithèse avec le mot droit : on dit, par exemple : tel principe serait vrai en législation ; mais, en droit, on décide autrement. Le mot législation est pris ici dans le sens de droit abstrait, idéal et théorique, par opposition aux solutions du droit pratique et positif.

15. La science du droit se propose pour but le règlement des relations que l'état de société établit nécessairement entre les hommes, la protection de tous les intérêts, le maintien de l'ordre public, et la sauvegarde des principes de justice, de liberté et d'équité. Elle établit les règles les plus propres à maintenir l'harmonie et la concorde.

Son objet est triple : les personnes, — les choses, — et les actions : « *Omne jus, vel ad personas attinet, vel ad res, vel ad actiones.* » (L. 1, Dig. *de statu hominum.*) Le Code civil ne vise que deux de ces objets, les personnes et les choses. Quant aux actions, elles sont organisées par le Code de procédure au point de vue civil, et par le Code d'instruction criminelle au point de vue pénal. Des chaires spéciales sont consacrées à l'étude de ces différents Codes.

16. Il importe maintenant de faire connaître les différentes divisions du droit : or, il y en a neuf principales présentées par la doctrine ; l'on a coutume, en effet, de diviser le droit :

1° En droit naturel et droit positif ;

2° En droit civil et droit des gens ;

3° En droit public et droit privé ;

4° En droit commercial et droit civil (non commercial) ;

5° En droit déterminateur et droit sanctionnateur ;

6° En droit écrit et droit non écrit ou coutumier (1);

(1) Comparez M. Mourlon, *Répétitions écrites*, t. I, *Introduction*, n°s 7 à 14 ; — M. Delsol, *Explication élémentaire du Code civil*, t. I, pages 2 et suiv. ; — M. Acollas, *Manuel de droit civil*, t. I, *Introduction*, pages v à xxi ; — M. Rambaud, *Code civil par demandes et réponses*, pages 3 et suivantes.

7° En droit criminel ou pénal ;

8° En droit administratif et droit constitutionnel ;

9° Il y a aussi le droit forestier, auquel un Code particulier est consacré.

17. I. J'aborde immédiatement la première division du droit, en *droit naturel*, d'une part, et *droit positif*, de l'autre.

Je commencerai ici, tout en reconnaissant que cette distinction est exacte en elle-même (au point de vue philosophique et moral du moins), je commencerai, dis-je, par protester contre la tendance, assez fréquente chez les auteurs, à pousser jusqu'à l'antithèse la distinction (1) dont

(1) L'une des plus grandes difficultés, du reste, que présente le développement des notions philosophiques sur la loi, la morale et le droit, se rencontre dans la divergence des significations attachées à ces mots par les différents auteurs. M. Jouffroy, dans son *Cours de droit naturel*, (t. I, première leçon, pages 18 à 20), s'exprime sur ce point de la manière suivante : « En nous résumant, dit-il, nous trouvons dans la relation générale de l'homme à l'homme, cinq espèces de relations principales : 1° celles de l'homme à l'homme comme tel, qui font l'objet du droit d'humanité ; 2° celles de la famille, qui font l'objet du droit de famille ; 3° celles des citoyens d'un même Etat, qui font l'objet du droit privé ; 4° celles des citoyens à l'Etat et de l'Etat aux citoyens, qui font l'objet du droit public ; 5° enfin, celles de société, qui font l'objet du droit des gens. Et dans ces cinq relations, trois grandes divisions : 1° celles qui existent indépendamment du fait de société et qui font l'objet du *droit de nature* : ce sont les deux premières ; 2° celles qui naissent du fait de société, et qui existeraient quand il n'y aurait qu'une société ; elles font l'objet du *droit social* : ce sont les deux secondes ; 3° celles qui naissent de l'existence simultanée de plusieurs sociétés, ou du moins de plusieurs familles indépendantes en contact, et qui font l'objet du *droit des gens* : c'est la cinquième et dernière. A ces différentes branches du droit naturel correspondent dans l'histoire : pour le droit de nature, une foule de systèmes philosophiques, de règles religieuses, d'usages, de coutumes ; pour le droit social, tous les droits positifs ; pour le droit des gens, les coutumes qui ont réglé les rapports de nation à nation aux différentes époques. — Tel est l'ensemble du droit naturel dans l'acception la plus large et la plus haute de ce mot, dans celle où l'ont pris les plus grands esprits qui s'en soient occupés. Mais comme cette acception n'a pas été unanimement embrassée, et que d'autres lui ont été données, il ne sera pas inutile que je vous fasse connaître ces dernières. — En ne faisant attention, dans l'expression *droit naturel*, qu'à l'épithète de *naturel* qui la termine, on a dû être conduit à entendre par cette expression et à lui faire désigner toutes les règles de la conduite humaine qui dérivent de la nature des choses, et que, par conséquent, la raison peut atteindre, quelle que soit la relation à laquelle ces règles s'appliquent. De là l'acception la plus générale de cette expression, celle qui em-

il s'agit : Comparez M. Demolombe, *Cours de Code civil*, t. I, n° 8.

18. *Le droit naturel* porte, d'après la plupart des auteurs qui ont écrit sur le Code civil, ce triple caractère :

1° Il est *inné* et *instinctif* : il existe et est obligatoire, indépendamment de toute promulgation ;

2° Il est *immuable* et *indestructible* ; il ne peut, par conséquent, être ni abrogé, ni même modifié : — *semper firmum et immutabile.*

3° Enfin, il est *universel* et applicable en tous les lieux et à tous les hommes « *quod naturalis ratio inter omnes homines constituit.* »

19. *Le droit civil* ou *positif*, au contraire, porte, suivant les auteurs auxquels nous faisons allusion, des caractères essentiellement divergents :

1° Il est *l'œuvre du législateur humain*, et comme tel, il ne peut devenir obligatoire que par la promulgation : voilà en quel sens il est *positif*, c'est-à-dire qu'il est *écrit.*

2° Il est *changeant et variable*, précisément parce qu'il

brasse dans le droit naturel, la religion naturelle, la morale personnelle, le droit réel, et toutes les parties des droits et des devoirs de l'homme à l'égard de ses semblables. Mais si, au contraire, on fait particulièrement attention, dans la même expression, au mot *droit*, on pourra être conduit à deux autres acceptions très différentes. Les uns, prenant le mot *droit*, dans son sens philosophique, c'est-à-dire comme désignant ce qui est corrélatif au *devoir*, ne consentiront à désigner, par l'expression de *droit naturel*, que cette partie des règles de la conduite humaine qui, en imposant un devoir à l'un, créent chez l'autre un droit corrélatif, c'est-à-dire qu'une portion des règles de la conduite de l'homme envers ses semblables. De là, la seconde acception de ce mot, d'après laquelle le droit naturel ne comprend ni la religion naturelle, ni la morale personnelle, ni le droit réel, et n'embrasse pas même toutes les règles de conduite de l'homme envers ses semblables. D'autres, enfin, prenant le mot *droit*, dans un sens encore plus étroit, c'est-à-dire dans le sens technique des Ecoles, n'appelleront *droit naturel* que la partie des règles de la conduite humaine découvertes par la raison qui correspond au droit positif proprement dit, ce qui les conduira à une définition qui comprendra moins encore que la précédente. De là, la troisième et dernière acception de cette expression. — Je déclare que les mots me sont complètement indifférents, pourvu que l'on s'entende. J'estime autant l'une de ces définitions que les deux autres. » (Comparez le *Cours élémentaire de droit naturel* ou *de philosophie de droit*, de M. Alph. Boistel, ch. II, pages 55 et suivantes.)

est subordonné aux besoins sociaux et qu'il subit le contrecoup des bouleversements politiques : le législateur peut donc, à son gré, le modifier ou même l'abroger entièrement.

3° Enfin, il est *local* et *particulier*, spécial à un peuple unique, aux citoyens d'un même Etat : « *jus civile est quod quisque populus ipse sibi constituit.* » C'est la définition même donnée par Justinien dans ses *Institutes* (liv. 1, titre 2, § 1). Pour les Romains, en effet, ces expressions, droit civil, veulent dire droit spécial au peuple romain. L'on sait qu'en France, elles sont aujourd'hui simplement synonymes, en général, de ces mots « *droit privé.* »

20. Cette distinction, nous l'avons dit plus haut, est assurément vraie au point de vue philosophique et moral. Mais, dans la sphère du droit qui est ici exclusivement la nôtre, nous ne saurions l'accepter sans réserves. A ce dernier point de vue, en effet, l'antithèse, l'espèce d'antagonisme que l'on veut établir entre le droit naturel et le droit civil ou positif, nous semble manquer, à certains égards, d'exactitude.

Qu'est-ce, en dernière analyse, que le droit naturel? — C'est le droit idéal ou rationnel, celui qui paraît être plus épuré, plus parfait que le droit établi : c'est, en un mot, l'ensemble des principes que la Providence a imprimés dans le cœur de tout homme, pour régler ses rapports comme être sociable, soit avec chacun de ses semblables pris individuellement, soit avec la société constituée au milieu de laquelle il est appelé à vivre : or, il est de l'essence des sociétés de changer et de se développer successivement : il ne peut donc pas y avoir, même dans la sphère du pur droit naturel, un type unique et immuable ; le type ne peut pas être le même partout et toujours ; autrement le droit n'atteindrait pas son but qui est de se maintenir, autant que possible, en harmonie avec les besoins et les mœurs des différentes agglomérations humaines.

Il ne nous semble pas convenable, et il peut même être dangereux, au point de vue pratique, d'admettre qu'il puisse y avoir encore actuellement en France, en présence surtout de nos lois si soigneusement codifiées, deux droits parallèles, le droit naturel d'un côté et le droit civil ou positif de l'autre. Le Code civil, en particulier, tend-il à autre chose qu'à être le reflet fidèle, l'expression exacte du droit naturel approprié par le législateur de 1804 aux besoins du pays et aux nécessités du temps? N'est-ce pas là que nous rencontrons nettement précisées par la formule législative (1) ces grandes règles d'humanité, qui constituent les conditions communes et nécessaires à l'existence comme au développement de toutes les associations, règles concernant le mariage, la famille, la propriété, les conventions et les contrats, etc., tout cet ensemble enfin de principes immuables et éternels, si profondément empreints dans les âmes, devant lesquels la raison, impuissante à les créer, est forcée de s'incliner, et qui constituent comme le fonds inné de toutes les consciences humaines? « *Hæc non scripta sed nata lex*, disait Cicéron dans son magnifique langage, *quam non didicimus, accepimus, legimus, verùm ex naturâ ipsâ arripuimus, hausimus, expressimus; ad quam non docti, sed facti, non instituti, sed imbuti sumus.* » (Cicéron, *pro Milone*, chap. IV.)

21. Il ne nous sera pas difficile de démontrer que les règles de morale les plus saintes, les plus évidentes, ont été formulées par nos lois positives, précisément à cause de la volonté du législateur de faire cesser toute incertitude et d'anéantir tout antagonisme entre le droit naturel et le droit civil. Si l'on ouvre le Code civil, l'on y rencontre l'article 203 : « Les époux contractent ensemble, par le fait seul du mariage, l'obligation de nourrir, entretenir et élever leurs enfants ; » l'article 212 : « Les époux se doivent

(1) Nous ne prétendons certes pas que le Code civil soit parfait : il contient des lacunes considérables et, sur plusieurs points, il appelle des réformes fondamentales : voyez notre *Introduction historique*, nos 105 et 106. Mais nous maintenons que, sous une législation codifiée comme la nôtre, il est profondément dangereux d'admettre la coexistence de deux droits parallèles et pour ainsi dire rivaux, le droit naturel d'un côté et le droit civil ou positif de l'autre.

mutuellement fidélité, secours, assistance ; » l'article 371 : « L'enfant, à tout âge, doit honneur et respect à ses père et mère ; » l'article 1134 : « Les conventions, légalement formées, tiennent lieu de loi à ceux qui les ont faites ; » l'article 1382 : « Tout fait quelconque de l'homme, qui cause à autrui un dommage, oblige celui par la faute duquel il est arrivé, à le réparer. »

Prenez le Code pénal, et vous y rencontrerez notamment les articles 321, 327, 328, 329, qui proclament le droit de légitime défense et qui décident qu'il n'y a ni crime, ni délit, lorsque l'homicide, les blessures et les coups étaient ordonnés par la loi et commandés par l'autorité légitime, ou encore imposés par la nécessité actuelle de la défense de soi-même ou d'autrui.

Nous pourrions citer bien d'autres exemples : mais ceux-ci suffisent, il nous semble, à fournir la démonstration victorieuse de notre thèse, à savoir que, sous l'empire de nos lois codifiées, le droit naturel doit s'effacer d'une manière à peu près complète comme droit distinct, à raison de son incorporation réalisée, en fait, dans les textes du droit civil et positif.

22. Pourtant des auteurs considérables, notamment MM. Demante et Colmet de Santerre (*Cours analytique de Code civil*, Introduction, n°s 4, 5, 6, 7 et 14), maintiennent formellement l'antithèse, parce que, disent-ils, le droit naturel s'impose de lui-même, à raison de cette circonstance que toutes les maximes régulatrices des actions humaines ne se trouvent pas formulées dans nos Codes : « Le droit naturel sert aussi de règle dans le for extérieur, » déclare M. Demante, t. I, n° 14 *bis*, I.

Nous croyons cette affirmation beaucoup trop absolue : le droit naturel ne nous apparaît aujourd'hui comme obligatoire, qu'autant qu'il est consacré, sinon formellement, au moins d'une manière implicite, par les textes de nos lois positives.

Sans doute, nous le reconnaissons volontiers, le législateur français n'a point promulgué toutes les règles de la morale transcendante, par cette raison bien simple qu'il statuait en vue des besoins essentiellement contingents du temps et du pays. La sphère de la morale est plus large, plus étendue que la sphère dans laquelle se meut notre droit civil : il y a quelque chose au delà de nos Codes, et l'on peut être un très malhonnête homme, sans tomber pour cela directement sous le coup d'un texte répressif : encore les plus habiles y sont-ils souvent trompés !!! Nous admettons toutes ces idées.

Mais alors on franchit, il faut bien le remarquer, les limites de la légalité pour entrer dans le domaine du for intérieur : la doctrine de M. Demante ne tend à rien moins, si on l'envisage dans ses conséquences dernières, qu'à placer sur une ligne à peu près semblable les devoirs de conscience, dans l'accomplissement desquels l'homme ne relève que de lui-même devant Dieu, et les obligations *légales*, de l'observation desquelles l'homme est responsable devant la société : or, entre ces deux ordres de vérités, il y a un abîme.

23. En dernière analyse, nous trouvons, au degré le plus élevé, *la morale et la religion*, règles suprêmes des actions humaines, mais étrangères à la légalité et se maintenant strictement dans les limites du for intérieur : à la religion et à la morale correspond *le devoir*.

Au second degré, nous rencontrons le *droit naturel ou rationnel*, fruit des tâtonnements législatifs des différents peuples, et de l'idéal par eux poursuivi, expression des besoins plus ou moins permanents des sociétés humaines, combinaison harmonieuse enfin des résultats acquis par l'expérience, et des révélations spontanées de l'intuition. Les préceptes du droit naturel forment la base de toute législation sage et éclairée : ils peuvent être, dans une certaine mesure, exécutoires dans le domaine du for extérieur : mais, quand ils existent seuls, ils manquent de fixité, et ils peuvent parfois prêter des armes à l'arbitraire.

Nous arrivons ainsi à une nouvelle et dernière manifestation du droit ; c'est le *droit positif ou promulgué* qui a pour but de condenser dans des textes brefs, précis, et en même temps de sanctionner celles des règles définitivement acquises qui *paraissent indispensables* à la marche de la société, objet des préoccupations du législateur.

A partir de ce moment, pour le pays bénéficiaire de la codification (et c'est le cas de la France aujourd'hui), nous soutenons qu'il ne saurait plus y avoir deux sortes de lois pour ainsi dire rivales, la loi naturelle d'un côté et la loi positive de l'autre. *Le droit naturel s'efface devant la loi promulguée*, et il faut, de toute nécessité, n'admettre plus désormais que celles des règles dérivant de *l'équité naturelle* qui sont, soit explicitement, soit au moins implicitement reconnues par les textes des différents Codes, sous peine de retomber dans le doute et dans l'incertitude, que la *formule* législative s'était précisément proposé d'écarter. Comparez notre *Sommaire des prolégomènes du cours de Code civil*, nos 16 et 19.

24. Puisque nous repoussons le point de départ, nous devons également repousser les résultats pratiques de la doctrine admise par MM. Demante et Colmet de Santerre. Ces éminents jurisconsultes aboutissent (Voir *Cours analytique*, t. I, Introduction, nos 15, 18, 19, 20) aux deux conséquences que voici :

1° Les préceptes du droit naturel, confirmés ou non par la loi positive, sont toujours susceptibles de servir de base à une condamnation judiciaire, indépendamment de toute promulgation préalable ;

2° Les règles du pur droit naturel sont applicables à tous les hommes sans distinction d'origine, par conséquent aux étrangers comme aux nationaux.

Nous pouvons écarter la première de ces déductions, dans sa généralité excessive, avec les textes eux-mêmes du Code civil : l'article 1 déclare, en effet, formellement, que les lois ne peuvent devenir exécutoires qu'après avoir été formulées par la puissance publique ; et l'article 2 ajoute que les lois ne disposent que pour l'avenir, en sorte qu'elles ne sauraient avoir aucun effet rétroactif :

« Il serait d'ailleurs, dit avec raison M. Demolombe (*Cours de Code Napoléon*, t. I, page 9, n° 10), inexact et dangereux de dire que le droit naturel est préexistant et immuable, pour en conclure qu'il est obligatoire rétroactivement et indépendamment de toute promulgation. Le but essentiel des lois positives est précisément de prévenir, à cet égard, l'incertitude et l'arbitraire, en déterminant, parmi les règles si nombreuses et quelquefois même si controversées du droit naturel, celles qui deviendront *lois*, celles qui seront *légalement* obligatoires. »

Nous avons également des réserves à faire en ce qui concerne la seconde déduction, présentée par M. Demante, à savoir que « les lois naturelles étant communes à toute l'espèce humaine, il suffit d'être homme pour en subir et en réclamer partout l'exécution (Voir t. I, Introduction, n° 15). »

Nous ferons remarquer, en effet, que, même parmi les institutions qui appartiennent par excellence au droit naturel, telles que le mariage, la famille, la propriété, même parmi les principes les plus certains d'équité, tels que le respect dû à la liberté d'autrui, beaucoup ont soulevé les plus graves controverses, beaucoup ont été l'objet des violations les plus flagrantes : l'histoire du droit témoigne amplement de cet état de choses. Ce serait donc ouvrir de nouveau l'arène des contestations et des difficultés de toute sorte, que de se référer aux règles plus ou moins équivoques du droit naturel, pour organiser, par exemple, la situation civile des étrangers en France. Les textes de nos différents Codes nous paraissent suffire à cette tâche. Vous pouvez consulter, à titre d'applications, les articles 3, 9, 10, 11, 13, 14, 15, 16, 47, 170, 726, 912, 2123, 2128 Cod. civ. ; — la loi du 14 juillet 1819, relative à l'abolition des droits d'aubaine et de détraction; — les articles 69, 166 et suiv., 424, 546, 906, Cod. proc. civ.; — et les articles 5, 6 et 7, Cod. inst. crim., modifiés par la loi du 27 juin 1866.

Ainsi encore, les auteurs examinent la question de

savoir si les principes de la prescription soit acquisitive, soit libératoire ou extinctive, peuvent être invoqués aussi bien par les étrangers que par les Français. Eh bien! nous n'hésitons pas à répondre affirmativement; et nous n'avons pas besoin, pour confirmer notre solution, de recourir à cette idée que l'institution de la prescription aurait son fondement dans le droit naturel. Les textes du Code civil nous fournissent une démonstration complète et suffisante par elle-même : d'après l'article 3, al. 2, en effet, les étrangers peuvent être propriétaires en France : d'après les principes généraux du même Code, combinés avec les dispositions modificatives de la loi du 14 juillet 1819, ils ont la faculté de passer des contrats et de conclure des marchés dans notre pays : or qui veut la fin veut les moyens; la concession du droit de propriété emporte virtuellement l'usage des différents modes et procédés de transmission admis par le Code civil (art. 711, 712 et suivants).

Les articles 15 et 16 nous apprennent que les étrangers ont la faculté de devenir, en France, débiteurs ou créanciers; la loi, du même coup, leur a nécessairement accordé le droit d'invoquer tous les moyens, soit d'acquérir, soit de conserver, soit d'éteindre leurs créances ou leurs dettes : le livre III du Code civil leur est donc tout entier applicable en règle générale, sauf les dérogations de détail qui peuvent être contenues dans des textes spéciaux. Dès lors, les étrangers doivent nécessairement être admis à invoquer en France les principes de la prescription soit acquisitive, soit extinctive ou libératoire : Voyez M. Demolombe, *Cours de Code Napoléon*, t. I, n°s 240-246; — Marcadé sur l'article 2219, n° 4, al. 2; — Troplong, *Prescription*, t. I, n° 35. — Comparez nos *Considérations générales sur l'acquisition ou la libération par l'effet du temps*, n°s 43 et suivants.

Seconde leçon.

25. II. Nous arrivons maintenant à la seconde division du droit, en droit civil d'une part, et droit des gens de l'autre.

Le mot droit civil a d'abord un premier sens historique, qui n'est plus guère usité aujourd'hui : pris dans cette acception, il signifie l'ensemble des lois qui sont propres et particulières aux membres d'une certaine nation : *Jus proprium civitatis* (*Inst.* L. 1er, tit. 2, § 1). Ainsi entendu, notre droit civil comprendrait toutes les lois qui régissent spécialement les Français.

A ce point de vue, le droit civil forme antithèse avec le *droit des gens*, lequel, dans une première acception, signifie, dans chaque pays, l'ensemble des règles communes à tous les hommes, sans distinction d'origine, étrangers ou nationaux : ainsi, dit M. Mourlon (*Répét. écrites*, t. I, Introd. n° 9), « chez tous les peuples, deux sortes de lois existent : les unes sont propres aux membres de la nation qui les a faites : elles forment le *jus proprium civitatis*, le *droit civil*; les autres sont applicables à tous les hommes, sans distinction de nationalité : elles forment le *jus commune gentium*, le *droit des gens*. »

Le mot droit civil est, en France, aujourd'hui, le plus souvent pris comme synonyme de droit privé, c'est-à-dire de la partie de la législation qui s'occupe plus spécialement de formuler les rapports nécessaires et juridiquement obligatoires qui régissent les individus, en ce qui concerne la famille et la propriété. Voyez, pour la critique de cette dénomination, M. Acollas (*Manuel de droit civil*, t. I, pages 19 à 21).

On prend aussi quelquefois le mot droit civil par opposition au droit commercial (1), ou encore par opposition

(1) Le droit commercial est cette partie du droit privé qui trace les règles

au droit criminel (1), ou enfin par opposition au droit administratif (2) ; cette subdivision du droit privé nous paraît dépourvue de toute valeur vraiment scientifique. Il faut toutefois la connaître.

Revenons au droit des gens : outre l'acception que nous avons signalée plus haut, on emploie encore ces expressions pour désigner ce qu'on appelle, dans le langage moderne, le droit international dont nous allons maintenant nous occuper spécialement.

On doit entendre par *droit des gens* ou *droit international*, la réunion des règles respectives de conduite observées par les différentes nations entre elles, en vertu de leur assentiment exprès ou tacite.

On peut donc dire que le droit des gens contient les règles de conduite des gouvernements entre eux, avec l'indication de leurs droits et de leurs devoirs. Il établit, en effet, l'égalité juridique et l'autonomie des nations, comme l'égalité juridique et l'autonomie des individus sont établies par la loi civile : mais nous devons signaler, entre les deux législations, une différence profonde et caractéristique : la sanction judiciaire, toute puissante dans chaque Etat au point de vue des intérêts privés, manque absolument au point de vue du droit international,

relatives aux commerçants et aux actes de commerce. — Le commerce (*cum merx*) comprend, dans un sens général, toutes les opérations qui tendent à réaliser un bénéfice sur les marchandises, en spéculant, soit sur la transformation des matières premières, soit sur l'échange et le transport des produits.

(1) Le droit criminel ou pénal est cette partie spéciale du droit public interne, qui intervient, comme moyen sanctionnateur, dans toutes les branches quelconques du droit. — Les personnes qui figurent dans ce rapport juridique, sont toujours, d'une part, la société qui punit, et, d'autre part, le violateur du droit qui est puni. — M. Ortolan, dans ses *Eléments de droit pénal* (page 9), divise avec raison, le droit pénal en trois parties : 1° le droit pénal proprement dit, ou le précepte pénal, la pénalité; 2° les juridictions pénales; 3° la procédure criminelle.

(2) Le droit administratif est l'ensemble des règles par lesquelles sont régis les droits des particuliers dans leur rencontre avec l'action administrative ; il gouverne les droits respectifs et les obligations mutuelles de l'administration et des administrés. (Voy. M. Pradier-Fodéré, *Précis de droit administratif*, page 13.)

lequel constitue une véritable législation philosophique, dépouillée d'un élément important, à savoir l'action en justice.

Cette manière d'envisager le droit international est généralement admise par tous les auteurs. Vattel cependant s'en écarte et base sa définition sur le *jus gentium* des anciens Romains, confondant ainsi les droits publics avec le droit privé commun de l'humanité. Les jurisconsultes romains, en effet, comprenaient, sous le nom de droit des gens, le droit en usage chez les divers peuples et embrassant non-seulement les rapports de nation à nation, mais encore les relations ordinaires de la vie privée (1).

Aujourd'hui la ligne de démarcation est nettement établie, et il faut éviter cette confusion. Prenons des exemples : les règles de la vente, qui était du *jus gentium*, les règles sur la tutelle, institution du droit civil à Rome, sont maintenant en dehors du cadre du droit des gens, tel que nous le comprenons aujourd'hui.

On a quelquefois recherché qui, le premier, donna une dénomination spéciale à l'ensemble de ces règles. — C'est généralement à Zouch (1650) que l'on attribue cette invention; — Bentham aurait créé le nom de droit international.

25 *bis*. Existe-t-il réellement un droit international comme droit, ou est-ce une morale internationale, une simple branche de la morale?

Les auteurs sont partagés à ce sujet; deux systèmes sont en présence.

Les partisans de la première doctrine nient l'existence d'un droit international comme droit spécial et distinct. Tout droit, disent-ils, suppose essentiellement l'existence d'une *sanction* : or ici, la sanction de l'action en justice fait

(1) A vrai dire, il eût été difficile aux Romains d'appliquer le droit international tel que nous le comprenons aujourd'hui, tout ce qui n'était pas Romain étant, à leurs yeux, ou ennemi ou barbare, et compris sous la dénomination générale d'*hostis*. Comparez *suprà* page 41.

défaut. Quand une nation viole le droit de l'autre, comme il n'existe pas de pacte qui lie le genre humain et qui en mette la force collective à la disposition de la nation dont le droit est violé, cette nation ne peut recourir qu'à sa propre force : il lui reste la guerre; c'est en ce sens que l'on a pu dire : « La force prime le droit. » De plus, à l'origine des nationalités, que trouve-t-on? C'est la guerre qui les a fondées : le droit s'est développé ensuite. Le droit des gens n'existe donc pas à l'état de droit proprement dit: car il n'y a pas de sanction judiciaire, il n'y a pas de force coercitive pour faire respecter ses décisions.

La sanction est, en effet, ici bien imparfaite : elle se rencontre uniquement dans l'emploi de la force de la part de la nation qui se juge atteinte dans l'exercice de ses prérogatives légitimes; elle se trouve encore dans la déconsidération méritée dont une nation devient l'objet, quand elle refuse délibérément de se soumettre aux préceptes dont une convention tacite entre les peuples exige l'observation.

Aussi, M. Acollas n'hésite-t-il pas à nier l'existence du droit international comme droit spécial et distinct : « le droit international, dit-il (*Manuel de droit civil*, t. I, Introd. page VII; aj. broch. sur *l'idée du droit*, pages 26 et 27), est une morale internationale et non pas un droit; le signe propre et caractéristique du droit, *la sanction de l'action*, lui fait défaut. — Entre nations, lorsque l'une viole le droit de l'autre, comme il n'existe pas de pacte qui lie le genre humain et qui en mette la force collective à la disposition de la nation dont le droit est violé, cette nation ne peut recourir qu'à sa propre force. — Cette coercition diffère, en deux points, de l'action que confère le droit : — 1° L'action n'est accordée qu'à la suite d'un jugement qui déclare quelle est, entre les deux parties en conflit, celle qui a violé le droit de l'autre; — 2° L'action ne s'exerce que dans la mesure où l'exige la réparation du droit violé. — Sans doute, la nation dont le droit est violé emploie légitimement la force pour s'opposer à cette violation ; mais il n'y a là qu'un fait de résistance, qui ne constitue pas une sanction de ce droit. — Entre particuliers, c'est un principe fondamental qu'on ne se fait pas justice à soi-même ; entre nations, le principe est renversé. — Le droit international peut-il devenir un droit véritable? La sanction de l'action peut-elle y être introduite? — La chimère d'un tribunal arbitral qui déciderait entre les nations est réfutée par l'histoire autant que par la raison. L'amphictyonie grecque n'a pas empêché la lutte d'Athènes et de Sparte, et l'assujettissement final de toute la Grèce au joug de Sparte. — A supposer qu'une sorte d'amphictyonie pût être instituée de manière à donner des garanties suffisantes à la justice, un pareil tribunal aurait toujours ce vice irrémédiable d'être impuissant à faire respecter ses décisions. — Que si, pour lui venir en aide, on comptait sur la force de l'opinion, qui ne voit immédiatement que le véritable tribunal arbitral serait alors l'opinion elle-même, et que, si l'opinion a une telle force qu'elle fasse obstacle à la guerre entre les nations, c'est que désormais elle les gouverne.

25 *ter*. D'autres auteurs prétendent que le droit des gens existe comme droit, et qu'on a raison de ne pas le considérer comme une branche internationale de la morale.

Il faut distinguer, disent-ils, entre le droit *intrinsèquement* considéré en lui-même, et la *garantie* du droit : l'absence même de garanties ne peut pas faire qu'il n'existe point comme droit : le droit civil lui-même est souvent paralysé par des considérations personnelles, la crainte d'un mal plus grand, etc.

Or, à l'heure actuelle, il existe en droit international un ensemble de principes indiscutables, que l'opinion publique, la nécessité des choses et le bon sens des nations ont consacrés ; ces principes constituent des droits existant comme prérogatives absolues de la liberté humaine. Ces règles constituent si bien des droits que, sans grand effort et dans le domaine de l'abstraction, on pourrait concevoir, par la pensée, un état de civilisation plus avancé, ayant établi une sorte de force collective, et exigeant la réparation dans la mesure du droit violé. C'est, pratiquement parlant, sans doute une utopie, à l'heure actuelle surtout; mais, en supposant cette idée réalisable, l'institution qui en sortirait aurait quelque chose à protéger : elle trouverait matière à rendre de véritables arrêts, désormais devenus efficaces par la force collective dont elle disposerait.

Il est inexact d'ailleurs de dire que la loi internationale soit dépourvue de toute sanction : car il est difficile de ne pas considérer comme telle :

1° La guerre — ce grand procès entre les Etats, où l'on est à la fois juge et partie;

2° L'opinion publique — qui sert de régulateur et pèse souvent d'un si grand poids dans la balance des gouvernements;

3° L'appel à l'histoire — qui juge les abus et les condamne.

Donc il existe incontestablement un droit international, dépourvu, il est vrai, de sanction juridique ou judiciaire, mais garanti cependant par les trois forces que nous venons d'énumérer. — Cette dernière doctrine est celle qui semble prédominer aujourd'hui.

25 *quater*. Nous arrivons au fondement et aux sources du droit des gens et à ses différentes divisions.

Dans la doctrine, l'on est généralement d'accord pour trouver six sources principales du droit international :

1° Les traités de paix, d'alliance ou de commerce : c'est la source la plus féconde et la mieux acceptée. Ces traités peuvent avoir un triple objet :

a. Ils peuvent avoir pour but de constituer le droit des nations, en affirmant des principes dont l'application est universellement reconnue nécessaire;

b. Ils peuvent avoir pour but d'apporter des exceptions particulières tenant aux nécessités locales ou contingentes du temps ou d'un pays;

c. Ils peuvent intervenir à titre explicatif, pour déterminer et fixer des principes obscurs et mal définis.

Mais, remarquons-le bien, soit qu'ils affirment des principes, soit qu'ils y dérogent, soit qu'ils les expliquent, ils n'ont d'effet, comme les jugements (art. 1351), qu'entre ceux qui y ont été parties. D'un autre côté, il y a peu de traités où tous les gouvernements aient été représentés : il y en a toutefois quelques-uns : nous citerons notamment le traité de Westphalie, le traité de Vienne et le traité de Paris de 1856 ;

2° Les ordonnances des Etats souverains pour régler les prises maritimes en temps de guerre. C'est une source universellement acceptée ; car la mer, n'appartenant à personne, constitue un terrain neutre, sur lequel il a bien fallu promptement s'entendre ;

3° Les arrêts des tribunaux internationaux, tels que les commissions mixtes et les tribunaux des prises ;

4° Les opinions écrites officiellement ou données confidentiellement par les légistes à leurs gouvernements. — Les archives du département des affaires étrangères contiennent la collection de ces documents. — En Angleterre, chaque année, un rapport est fait sur l'état de la législation internationale publique et sur les décisions prises à la chancellerie : ce rapport est présenté aux membres du Parlement ;

5° Les livres des publicistes. Ces écrits ont d'autant plus de poids qu'ils contiennent plus de témoignages et plus de faits. L'histoire et la pratique y jouent un rôle prépondérant ;

6° L'histoire des guerres et des négociations relatives aux affaires internationales.

Telles sont les sources du droit des gens : passons maintenant à l'étude des divisions qu'il comporte.

25 *quinquies*. Considéré théoriquement et comme objet d'étude, le droit des gens se divise :

1° En droit naturel et droit positif ;

2° En droit public et droit privé.

Etudions de suite la distinction du droit des gens en droit naturel et en droit positif.

Qu'est-ce d'abord que le droit des gens dit *naturel?* — C'est l'ensemble des règles internationales qui découlent du pur droit primordial, c'est-à-dire indépendamment des origines et des habitudes particulières des différents peuples. Ces sortes de règles trouvent leur siège dans la raison universelle. Ces principes existent indépendamment de toute promulgation; ils sont immuables, innés et instinctifs, universels et applicables en tous lieux et à tous les hommes.

On appelle quelquefois aussi ce droit, *primitif,* ou *absolu*, ou nécessaire, ou universel, ou interne, ou enfin philosophique.

Qu'est-ce maintenant que le droit des gens *positif* ou *promulgué?* Le droit positif ou promulgué est celui qui, converti en règles certaines, procède de la volonté expresse ou tacite des nations, et a été l'objet d'une rédaction ou d'une codification quelconque.

Il admet deux subdivisions : il prend le nom de droit des gens coutumier ou non écrit, quand il repose exclusivement sur des usages indiscutables, universellement acceptés : Exemple : l'inviolabilité des ambassadeurs (1).

Il est appelé droit écrit ou conventionnel, quand il repose sur des traités formels ou sur des conventions internationales; il peut être modifié, à l'infini, par l'accord des peuples : Exemple : le principe d'intervention et le principe de non-intervention ont, tour à tour, été en honneur dans le droit européen.

26. Nous arrivons maintenant à la distinction du droit des gens *public*, et du droit des gens *privé*. Le droit public comprend les règles du droit des gens qui ont trait aux rapports respectifs des gouvernements entre eux. Le droit privé comprend les principes du droit des gens qui

(1) Comparez, sur le principe de l'exterritorialité établi en faveur des ambassadeurs et de leur suite, un important arrêt de la Cour de cassation en date du 13 octobre 1865, (Dev. 66-1-33).

régissent les rapports individuels des différents nationaux les uns vis-à-vis des autres. Il se préoccupe de trancher les conflits qui peuvent, à l'égard des particuliers, surgir entre les lois civiles et criminelles des divers pays.

26 *bis*. III. Une troisième division du droit consiste à distinguer le droit public d'une part, d'avec le droit privé d'autre part.

Le mot droit public se prend, du reste, habituellement dans deux acceptions très différentes (Comparez M. Demolombe, *Cours de Code civil*, t. I, n°s 16 et 17) :

1° Le droit public s'entend de l'ensemble des principes qui régissent les relations des particuliers avec l'Etat, en déterminant la ligne de démarcation entre les gouvernants et les gouvernés, et en organisant les rapports d'autorité et d'obéissance. En ce sens, le droit public, appelé aussi par quelques auteurs droit politique, ou encore droit public interne, se rapproche beaucoup du droit constitutionnel : mais son domaine est plus large : ainsi, par exemple, les lois qui répriment les atteintes portées aux bonnes mœurs, se rattachent directement au droit public, et ne rentrent pas cependant dans la sphère du droit constitutionnel. Mais l'un et l'autre ont pour objet la distribution des pouvoirs, l'organisation de la puissance publique, le règlement des élections, la fixation des conditions requises pour pouvoir être admis aux emplois publics, etc., etc. — Le droit privé s'occupe, au contraire, de règlementer les rapports des particuliers entre eux ;

2° Dans une seconde acception, le mot droit public désigne une partie du droit privé, mais ce qui, dans le droit privé, a été introduit en vue de sauvegarder un intérêt public : telles sont les lois qui répriment les infractions aux bonnes mœurs ; telles sont encore les dispositions contenues dans le premier livre du Code civil. Ce livre tout entier a trait au droit privé : « *Quod ad singulorum utilitatem attinet.* » Mais, en même temps, tout ce qui concerne les rapports de famille, a pour but la défense d'un intérêt d'ordre public au premier chef. Il n'y a pas là de purs intérêts pécuniaires exclusivement en jeu. Je puis citer encore, en ce qui concerne les lois relatives aux biens, la disposition de l'article 815, aux termes duquel ***nul ne peut être contraint à demeurer dans l'indivision.*** C'est là encore une loi d'intérêt public, en même temps que d'intérêt privé. L'indivision est, en effet, prohibée, d'un côté, parce qu'elle est une source de querelles et de difficultés de tout genre, et d'un autre côté, parce qu'elle est également contraire à la libre circulation des biens et à la bonne exploitation des terres. Voyez M. Demolombe, *Traité des successions*, t. III, n° 486 (t. XV *des OEuvres complètes*).

Il me reste à faire connaître l'application pratique de cette distinction, en lois d'intérêt purement privé et en lois d'intérêt général ou public : l'application est faite par l'article 6 du Code civil dans les termes suivants : « On ne peut pas déroger, par des conventions particulières, aux lois qui intéressent l'ordre public et les bonnes mœurs. » Ainsi, toutes les fois qu'une loi a pour objet la sauvegarde d'un intérêt général ou public, elle est obligatoire pour tout le monde, et les particuliers ne peuvent y déroger ni y renoncer d'aucune manière : vous ne pouvez, en effet, renoncer qu'aux prérogatives qui vous sont propres et personnelles, et encore sous la condition que votre renonciation ne compromettra pas l'intérêt général. — Le droit privé, au contraire, admet toutes les modifications qu'il plaît aux parties d'y apporter : les particuliers peuvent même renoncer entièrement à l'exercice de telle ou telle faculté privée. Comparez M. Valette, *Cours de Code civil*, t. I, page 39 ; aj. article 1134 du Code civil.

Toutefois, lorsque, en fait, une condition ou une convention contraire, soit à l'ordre public, soit aux bonnes mœurs (1), a été insérée dans un acte, il importe beau-

(1) Il est essentiel, en présence de l'article 6 du Code civil, combiné avec les articles 900, 1131, 1133, 1134 et 1172, de trouver un *criterium*

coup de savoir si cet acte est un acte à titre gratuit ou un acte à titre onéreux.

certain fournissant un moyen sérieux d'apprécier, au point de vue doctrinal, si une loi est d'intérêt général et d'ordre public, ou seulement d'intérêt privé. Il est nécessaire, en un mot, de définir scientifiquement l'ordre public et les bonnes mœurs, dans le sens de l'article 6 du Code civil.

Or, ici, la plupart des auteurs se mettent singulièrement à l'aise. Nous lisons notamment dans M. Mourlon, *Répétitions écrites*, t. I, nº 95 : « Qu'est-ce que l'ordre public? A quels signes reconnaître les bonnes des mauvaises mœurs? Ces choses *se sentent* plus qu'on ne les définit. Aussi la loi s'est-elle abstenue de donner des règles à ce sujet : elle s'en rapporte à la sagesse des tribunaux. » Il nous est impossible d'accepter une semblable solution : quand le législateur ne définit pas, il laisse ce soin à la doctrine, qui, elle, ne peut pas s'en dispenser : car il ne doit rester rien de vague dans la jurisprudence : le droit est une suite de principes logiques fondés sur la raison, et où le sentiment ne peut jamais jouer le rôle de *criterium;* avec un tel guide, la solution des plus importantes questions serait abandonnée aux caprices infinis de la raison humaine, et nul ne serait jamais sûr d'avoir fait une convention valable. Sans doute il faut, surtout dans la matière qui nous occupe, laisser une grande liberté d'appréciation aux tribunaux. Mais n'oublions pas le vieil adage : « *Dieu nous garde de l'équité des parlements!* »

Il nous faut donc, pour l'interprétation de l'article 6 du Code civil, trouver un *criterium* plus assuré et plus fixe que celui qui nous est offert par le sentiment et la seule raison; il ne faut pas que la jeunesse des écoles, à laquelle s'adresse surtout cette brochure, s'habitue à se payer de mots, ou ce qui est exactement la même chose, à se contenter de demi-idées.

Que signifient d'abord les expressions, « lois qui intéressent *l'ordre public*, » dans le sens de l'article 6? — L'un de nos éminents collègues de la Faculté de droit de Douai, M. Em. Alglave, a consacré à la *définition de l'ordre public en matière civile*, deux articles fort intéressants, publiés en 1868, dans la *Revue pratique* de droit français, t. XXV, pages 444 à 500 et pages 524 à 562. Voici quel est le *criterium* proposé par le savant auteur : « L'ordre public, dit-il, se rattache essentiellement à la *constitution de la société*, et embrasse tout ce qui a été établi en vue de son intérêt, comme le droit privé comprend tout ce qui avait pour but l'intérêt des particuliers. Le caractère *ordinaire* du droit public, c'est de ne pouvoir pas être estimé en argent; le caractère du droit privé, c'est d'admettre ce mode d'évaluation. Mais comme le législateur est souverain pour juger de ce qui intéresse la société qu'il régit, il peut ranger dans le droit public des questions purement pécuniaires, comme il peut attribuer, d'une manière fictive, un équivalent en argent à des choses dont la nature ne semblait point admettre un tel équivalent. Le *signe véritable de l'ordre public doit donc se chercher dans la volonté du législateur*, et cette volonté implique nécessairement, pour les citoyens, la défense de modifier un état de choses établi non en vue de leurs intérêts privés, mais dans le but de sauvegarder les intérêts sociaux. Celui qui se trouve en profiter n'a donc *jamais* le droit d'y renoncer. — Mais pour rattacher une loi à l'ordre public, exigerons-nous, soit que le législateur lui ait *attribué formellement* ce caractère, soit qu'il ait édicté *en termes exprès*, la défense absolue de

S'agit-il d'un acte à titre gratuit? — Appliquez alors l'article 900, ainsi conçu : « Dans toute disposition entre

toute renonciation? Au point de vue de la simplicité des controverses et de la sûreté des décisions, il serait assurément fort désirable qu'on pût s'en tenir là. Mais le législateur ne songe pas à tout, et il oublie souvent les choses les plus essentielles, lorsque rien n'y attire spécialement sa mention. Il ne faut donc pas nous étonner qu'une attestation si utile fasse défaut dans un grand nombre de cas, et il est hors de doute que nous sommes contraints à la suppléer, au moins quelquefois. Malgré l'absence de cette mention, lorsque *l'esprit d'une loi*, les *motifs* qui l'ont inspirée et le *but qu'elle poursuit* démontreront clairement que son auteur n'admettait pas qu'on pût y déroger dans aucune circonstance, on devra la rattacher à l'ordre public. » Voilà, en effet, des éléments de décision qui, s'ils prêtent encore à un certain arbitraire pratique, mènent toutefois à la solution, d'une manière plus sûre que ne le feraient les lueurs vacillantes du sentiment et de la raison individuelle.

Nous définirons dès lors l'ordre public, en disant qu'il comprend l'ensemble des règles considérées par le législateur d'un temps et d'un pays comme essentielles à la marche ou au bon ordre de la société, et comme non susceptibles d'être jamais évaluées en argent, pour former la matière d'un contrat privé dérogatoire.

Ainsi donc, veut-on savoir si telle ou telle loi intéresse l'ordre public dans le sens de l'article 6 du Code civil ? — L'on devra d'abord rechercher si le législateur a expressément manifesté sa volonté, par une nullité édictée dans un texte précis; il en est fréquemment ainsi : voyez, par exemple, les articles 791, 896, 903, 909, 913, 1099, 1130, 1597, 1965, etc. — Si la loi est muette, il faudra suppléer à son silence, en étudiant les travaux préparatoires, l'origine, les motifs et le but de la disposition, les circonstances qui l'ont fait édicter, etc. — L'on devra enfin rechercher si, en lui-même et par sa nature propre, le droit dont il s'agit est susceptible d'être évalué en argent, et s'il rentre, par conséquent, dans la catégorie des questions purement pécuniaires. Le pouvoir discrétionnaire des tribunaux se trouve ainsi renfermé dans de justes limites, et ne dépasse pas la mesure d'indépendance qui est imposée, dans de semblables matières, par la nature même des choses.

Nous devons maintenant faire quelques applications; elles donneront une intelligence plus complète du principe que nous venons de poser. Parmi ces applications, dont nous prendrons seulement les plus importantes, les unes sont universellement acceptées, les autres soulèvent, au contraire, une vive controverse.

L'on s'accorde, d'abord, généralement à reconnaître comme lois d'ordre public, auxquelles, par suite, il n'est pas permis de déroger :

1° Toutes les lois qui se rattachent au *droit public*. Telles sont les lois qui établissent les impôts : « Une loi, dit M. Laurent (t. I, n° 51, page 85), frappe la propriété foncière d'une contribution, et elle l'exige du propriétaire. Si, dans un bail, les parties mettent l'impôt foncier à la charge du preneur, cette convention peut-elle déroger à la loi? En ce qui concerne les droits de l'Etat, elle est nulle; le fisc pourra exiger du propriétaire le paiement de la contribution que la loi lui impose, sauf aux parties contractantes à régler leurs intérêts comme elles l'entendent; »

2° Telles sont encore les lois qui règlent *l'ordre des juridictions*. Les parties vifs ou testamentaire, les conditions impossibles, celles qui seront contraires aux lois ou aux mœurs, seront ré-

en procès ne pourraient pas, par exemple, s'entendre pour se rendre directement devant la Cour d'appel; elles ne pourraient pas étendre la compétence des tribunaux de commerce à des matières civiles, ni modifier la juridiction exceptionnelle des juges de paix : en ce sens, Cass. 14 février 1866 (D. P. 66-1-447); comparez toutefois l'article 111 du Code civil;

3° Telles sont encore les lois qui règlent *l'état des personnes*, et la capacité ou l'incapacité qui y est attachée. Les articles 1388 et 1389 sont formels en ce sens. L'intérêt de la société est ici manifestement en jeu, et la jurisprudence n'a jamais hésité sur ce point. Voyez les exemples rapportés par M. Laurent, t. I, n° 52, page 87;

4° Seraient nuls également et par les mêmes motifs, les pactes qui auraient pour but de déroger à *l'ordre légal des successions* (art. 1389), sauf certaines exceptions admises par les lois. Voyez notamment les articles 761, 918, 1082, et suivants. Les lois sur la dévolution héréditaire intéressent certainement l'ordre public;

5° Quant aux lois qui concernent *les biens* (voyez notamment les articles 516 à 710), elles ne sont pas, en général du moins, d'ordre public. Il faut donc un intérêt social évident pour que l'on puisse limiter la liberté des parties contractantes : alors seulement la loi sur les biens rentre dans la sphère d'application de l'article 6 du Code civil. Nous en trouvons un exemple dans l'article 815, d'après lequel, nul ne peut être contraint à demeurer dans l'indivision. C'est là une disposition d'intérêt public, en même temps que d'intérêt privé. L'indivision forcée est, en effet, redoutée, non-seulement parce qu'elle est une source de désagréments pour les particuliers, mais aussi et surtout, parce qu'elle est contraire au crédit social, qui exige la bonne exploitation des terres et la libre circulation des biens : aussi, le législateur, après avoir posé le principe général qui défend l'indivision forcée, se hâte-t-il d'ajouter, dans la suite de l'article 815 : « Le partage peut être toujours provoqué, nonobstant les prohibitions et conventions contraires. » Le Code civil admet seulement la possibilité de suspendre le partage, par une convention privée, dans la limite d'un délai de rigueur de cinq ans (art. 815, *in fine*).

Nous allons prendre maintenant, parmi les applications sujettes à controverse, quelques difficultés pratiques, qui nous paraissent surtout de nature à bien faire saisir la portée de l'article 6 du Code civil.

L'article 91 de la loi du 28 avril 1816 a accordé à un certain nombre d'officiers ministériels, tels que les greffiers, les huissiers, les notaires, etc., la faculté de présenter leurs successeurs à l'agrément du chef de l'Etat; d'où il résulte que cette loi leur a donné *le droit de stipuler un prix pour la cession qu'ils veulent faire de leurs offices*. Aussi il ne s'élève aucune difficulté quant à eux. Mais on agite vivement, au contraire, la question de savoir si les autres fonctionnaires publics, auxquels le droit de présentation n'a été conféré par aucune loi, ne peuvent pas néanmoins aussi traiter de leur démission : ou bien, faut-il dire que les lois concernant la délation des charges et fonctions publiques sont des lois d'intérêt général, qui n'admettent, par conséquent, aucune stipulation dérogatoire, ni aucune évaluation pécuniaire?

Supposons l'hypothèse suivante, présentée par M. Demolombe, t. XXIV, putées non écrites.» L'intention libérale l'emporte ici : l'acte est maintenu : seulement on répute *non écrite* la clause

n° 337 : « C'est un percepteur des contributions, qui résigne sa place par un contrat passé entre lui et un tiers, sous la condition, par celui-ci qui est prétendant à cette place, de lui payer un capital ou de lui servir une rente viagère. » Cette vente d'une fonction publique, cet engagement d'y renoncer pour y faire parvenir un tiers, ont-ils un objet licite, et faut-il les déclarer valables ?

Un arrêt de la Cour de Bordeaux du 5 décembre 1845 (Dev. 1846-2-328), a admis la validité de semblables contrats, par cette raison qu'aucune loi n'interdit à un fonctionnaire la faculté de se démettre de son emploi en recevant une indemnité plus ou moins élevée du postulant, auquel sa retraite laisse le champ libre.

Tel ne serait pourtant pas notre avis, et nous préférons singulièrement la jurisprudence actuelle, approuvée par M. Demolombe, t. XXIV, n° 337, (t. I des *Contrats et obligations*), laquelle décide que la démission d'un fonctionnaire public ne peut jamais former valablement l'objet d'une stipulation pécuniaire. Voyez Montpellier, 17 décembre 1849 (Dev. 1850-2-216). Nous présenterons, à l'appui de cette solution, un argument de texte, un argument de principes, et un argument d'intérêt pratique :

1° Au point de vue des textes, les lois du 4 août 1789 et du 6 octobre 1791, ont aboli la vénalité des offices : or, les stipulations, dont nous nous occupons ici, auraient pour résultat de rétablir indirectement, mais nécessairement, la vénalité, en l'étendant à toutes les fonctions publiques : donc, ces stipulations ne peuvent pas être validées en justice ;

2° Au point de vue des principes, les fonctions publiques sont une dépendance directe de la souveraineté : or, la souveraineté est évidemment hors du commerce ; donc les délégations de cette souveraineté ne forment point un bénéfice appréciable en argent et susceptible de se prêter aux caprices des combinaisons privées. Sans doute, on objecte que le contrat porte ici non pas sur la fonction considérée en elle-même, mais sur un fait personnel du fonctionnaire, à savoir le fait de se démettre de son emploi et de rendre ainsi la place vacante, le gouvernement conservant d'ailleurs son indépendance au point de vue de la nomination. Mais il suffit de voir les résultats auxquels on pourrait arriver dans l'application, pour mesurer le peu d'importance de cette objection ;

3° Au point de vue pratique, dit fort judicieusement M. Demolombe (t. XXIV, n° 337), où serait alors « l'obstacle à ce que de pareils marchés s'étendissent à toutes les fonctions, même les plus élevées de l'Etat, aux fonctions politiques comme aux fonctions administratives et judiciaires? Et s'il était vrai que l'on pût légitimement acheter la démission d'un percepteur des contributions, pourquoi ne pourrait-on pas acheter aussi légitimement la démission d'un premier président, d'un préfet, d'un député au corps législatif ou d'un ministre ? On serait tout aussi bien fondé à dire qu'ils n'ont promis qu'un fait à eux personnel, et qu'ils se bornent, en se retirant, à laisser *le champ libre* aux prétendants... Quoi de plus contraire qu'un pareil trafic à notre droit constitutionnel et aux intérêts les plus élevés de la société ; il fausse, il pervertit ce grand principe d'égalité, en vertu duquel tous les Français sont admissibles aux emplois publics ; et en même temps qu'il peut priver l'Etat de serviteurs intelligents, il ouvre, illicite. Comparez M. Demolombe, *Traité des donations et des testaments*, t. I, n°s 194 à 205, (t. XVIII *des Œuvres*

par l'appât de l'intérêt pécuniaire, la lice à toutes les intrigues, et met, pour ainsi dire, les emplois publics aux enchères, pour devenir le lot, non du plus capable, mais du plus offrant!... Ne doit-on pas sérieusement craindre que cet *acheteur*, auquel la fonction publique a coûté un prix trop élevé pour ses propres ressources, ne se trouve placé sur une pente funeste et entraîné à des prévarications? » Nous concluons donc en décidant que, sauf les exceptions introduites par la loi de finances du 28 avril 1816, article 91, il faut prononcer la nullité de toute vente d'une fonction publique, comme de tout engagement d'y renoncer pour y faire parvenir un tiers. Par application des mêmes principes, il faudrait également déclarer nulle la convention par laquelle un citoyen s'engagerait à ne pas remplir certains offices publics, tels que les fonctions de juré ou les devoirs d'électeur. Il n'y a pas lieu de distinguer, suivant que la loi réprime cette négligence du citoyen ou suivant, au contraire, qu'il n'a été édicté aucune sanction pénale.

Une seconde difficulté, pleine d'actualité, est celle de savoir si la loi du 12 août 1870, qui a donné cours forcé aux billets de la Banque de France, contient une disposition d'ordre public annulant nécessairement toute convention contraire. Voyez sur cette question importante, notre *Traité de la possession des meubles et des titres au porteur*, n°s 266 à 272, pages 402 à 419.

Nous devons maintenant préciser ce qu'il faut entendre par « *lois qui intéressent les bonnes mœurs*, » au point de vue de l'interprétation de l'article 6 du Code civil : comparez les articles 900, 1131, 1133, 1172, etc.

Il faut commencer par distinguer soigneusement les bonnes mœurs dans le sens de la religion et de la morale, d'avec ce que l'on appelle les bonnes mœurs dans le sens du droit et de la loi. La législation n'est pas un cours de morale transcendante : elle ne s'occupe pas des mœurs au point de vue de la perfection idéale; elle en détermine et en consacre seulement les règles essentielles et indispensables au point de vue utilitaire et social.

Guidé, avant tout, par ce *criterium* suprême de l'utilité et de la nécessité sociales, le législateur n'a à tenir compte, ni des exigences religieuses, ni des aspirations de la philosophie, dont les délicatesses peuvent être infinies et les variations sans nombre. Il lui suffit de ne point se mettre en contradiction avec les principes fondamentaux d'éternelle justice et de vérité immuable.

En un mot, le législateur de chaque temps et de chaque pays consacre et sanctionne seulement celles des règles de la morale qui sont universellement acceptées par la conscience humaine des contemporains. Dès lors, la morale légale est essentiellement progressive, comme la société elle-même : « Il y a, dit avec raison M. Laurent (*Principes de droit civil*, t. I. page 90, n° 56 *in fine*), à chaque époque de la vie de l'humanité, une doctrine sur la morale que la conscience générale accepte, sauf des dissidences individuelles qui ne comptent pas. En ce sens, on peut dire qu'il y a toujours une morale publique : les conventions contraires à cette morale seront, par cela même, contraires aux bonnes mœurs, et, comme telles, frappées de nullité. »

Nous considérons donc comme des lois *intéressant les bonnes mœurs*, dans le sens de l'article 6, les lois qui proclament (ou dans leur ensemble, ou bien en les envisageant seulement au point de vue de quelqu'une de leurs appli-

complètes), et *Traité des contrats*, t. II, n° 300, (t. XXV *des Œuvres complètes*); ajoutez M. Mourlon, *Répétitions*

cations pratiques), celles des règles de la morale que le législateur d'un temps et d'un pays a voulu faire entrer dans le domaine du droit, en les consacrant soit d'une manière expresse, soit au moins implicitement, parce que, d'après l'état contemporain de la conscience humaine, il en jugeait l'observation indispensable à la bonne harmonie de la société.

Veut-on, dès lors, savoir si telle ou telle loi intéresse les *bonnes mœurs*, et si elle relève, à ce titre, de l'article 6 du Code civil? — L'on devra d'abord examiner si le législateur a expressément manifesté sa volonté en ce sens, en édictant une nullité formelle : voyez, par exemple, les articles 146, 161, 162, 163, 184, 215, 374, etc. — Si le législateur s'est contenté de formuler une règle de morale, sans prononcer textuellement la nullité des actes qui seraient en contradiction formelle avec cette règle, il faudra suppléer au silence de la loi, en étudiant les travaux préparatoires, l'origine, les motifs et le but de la disposition, les circonstances qui l'ont fait édicter, etc. Il n'est point douteux, par exemple, qu'il faudrait déclarer nulles les conventions qui auraient pour but d'écarter l'application des articles 203, 205, 212, 213, 214, 371, 372 et autres textes analogues. — Enfin, l'on devra rechercher si, considéré en lui-même et dans sa nature intime, le principe de morale auquel il a, en fait, été dérogé (alors cependant qu'il était soit explicitement, soit implicitement du moins, consacré par un texte de loi), se prêtait à une évaluation en argent. Il est clair que nous devrions déclarer nulle, par application de l'article 6 du Code civil, la convention (dont la pratique n'est pas sans offrir quelques exemples), par laquelle un mari dispenserait sa femme de demeurer avec lui, ou consentirait à prix d'argent à la laisser habiter en communauté avec un autre homme. Cette convention est, en effet, attentatoire à la morale publique, et le scandale social qui en est la conséquence nécessaire empêche qu'il ne puisse y avoir une valable estimation en argent de l'importance de la concession faite au point de vue de l'intérêt privé et du droit de cohabitation consacré par l'article 214 du Code civil.

Nous allons, du reste, présenter quelques autres applications pratiques, de nature à faire saisir nettement la portée des principes que nous venons de poser. Parmi ces applications, les unes sont certaines et acceptées unanimement par la doctrine et la jurisprudence; les autres sont sujettes à controverse.

L'on s'accorde, d'abord, à reconnaître comme rentrant dans la sphère d'action de l'article 6 du Code civil :

1° Toutes les lois pénales, notamment celles qui répriment les attentats aux mœurs, les outrages publics à la pudeur, le viol, l'adultère, l'excitation des mineurs à la débauche, etc. : voyez les articles 330 et suivants du Code pénal.

2° Il en est de même des lois qui répriment le jeu : voyez les articles 1965 à 1967 du Code civil.

Nous passons immédiatement à l'examen de deux questions controversées, qui achèveront de mettre notre théorie en lumière. L'on comprend aisément que nous ne cherchions pas à multiplier davantage les exemples : car l'étude à laquelle nous nous livrons est celle, en définitive, de toute la science du droit; l'on rencontre, dans presque tous les Codes, des règles, en plus ou moins *écrites*, t. II, n° 527, et M. Acollas, *Manuel de droit civil*, t. II, pages 384 et 817.

grand nombre, intéressant les bonnes mœurs : quelquefois même, des distinctions deviennent nécessaires pour faire, dans le même sujet et à propos de la même question, la part du droit public auquel nul ne peut déroger, et celle du droit privé qui admet toutes sortes de modifications conventionnelles, aux termes de l'article 1134 du Code civil. Voyez, au surplus, les nombreuses hypothèses étudiées par M. Demolombe dans le tome premier de son *Traité des donations entre-vifs et des testaments* (t. XVIII), n°s 198 à 320, et dans le tome premier de son *Traité des contrats* (t. XXIV), n°s 299 à 382.

La première question, qui se présente à notre examen, est celle de savoir s'il faut considérer comme valable, ou s'il faut, au contraire, annuler l'engagement pris, *d'une manière absolue*, par un homme ou une femme, de ne pas user des lois qui permettent le mariage (art. 144 et suiv. Code civ.).

Nous n'hésitons pas à considérer une semblable convention comme nulle et reposant sur une cause illicite. D'une part, en effet, elle est contraire à l'intérêt général de l'Etat et de la société, qui reposent sur le mariage légitime et sur la famille; d'autre part, elle peut jeter dans la voie des dérèglements et du désordre ceux dont elle enchaîne ainsi la liberté imprudemment et sans réserves. Il est remarquable, du reste, que telle était la solution du droit romain : voyez la loi 22, au Digeste, liv. xxxv, tit. 1er, *de conditionibus et demonstrationibus*. Il est certain, du reste, comme le fait remarquer fort justement M. Demolombe, t. XVIII, n°s 239 et suivants, que les conditions relatives à la faculté de se marier, peuvent se présenter, dans la pratique, sous une foule de formes différentes, susceptibles de faire varier, dans certains cas, les doctrines à adopter.

La seconde question consiste à rechercher si l'engagement contracté par un homme envers une femme, avec laquelle il vit en concubinage notoire, ou avec laquelle il entretient des relations moralement coupables, doit être tenu pour valable, ou, au contraire, annulé, en vertu des articles 6, 1131 et 1133 du Code civil, comme ayant une cause illicite.

La jurisprudence et la doctrine s'accordent, en pareil cas, à poser une distinction fort sage :

S'agit-il d'abord d'obtenir les relations, de les faire commencer ou de les faire durer ? — La convention doit être déclarée nulle comme attentatoire à la morale sociale. En ce sens, Cass. 26 mars 1860 (Dev. 1860-1-321 à 325).

S'agit-il, au contraire, d'un acte de réparation consenti envers une femme compromise en fait, ou s'agit-il de la création d'une pension au profit d'un enfant né de relations hors mariage? — La jurisprudence et la doctrine admettent la validité d'un semblable contrat, qui constitue le juste dédommagement d'un préjudice évident causé par une faute. En ce sens, Cass. 26 juillet 1864 (Dev. 1865-1-33 à 40); voyez aussi la remarquable dissertation consacrée à cette question par M. Laurent, lequel envisage la difficulté sous toutes ses faces, dans le tome quatrième de ses *Principes de droit civil*, page 132, n°s 90 et suivants.

Ces développements nous paraissent suffisants pour bien faire saisir la portée de l'article 6 du Code civil, soit en ce qui concerne les lois intéressant l'ordre public, soit en ce qui touche les lois intéressant les bonnes mœurs. Il est certain du reste, qu'en cette matière plus qu'en toute autre, le rôle du magis-

S'agit-il d'un acte à titre onéreux? — Appliquez l'article 1172, ainsi conçu : « Toute condition.... contraire aux bonnes mœurs ou prohibée par la loi, est nulle, et *rend nulle la convention qui en dépend.* » Comparez articles 1131 et 1133. L'on donne habituellement, de cette rigueur de la loi, les trois motifs suivants :

1° La convention à titre onéreux avait précisément, pour cause et pour raison d'être, la condition illégale qui ne peut pas être accomplie ; ce serait donc dénaturer la volonté des contractants que d'annuler seulement l'acte pour partie : vous ne rencontrez plus ici cette volonté libérale d'un disposant, qui veut avant tout conférer un bienfait, et qui n'entend pas subordonner le sort de sa libéralité à l'exécution de clauses accessoires plus ou moins réfléchies ;

trat grandit et s'élève presque au niveau des pouvoirs du législateur lui-même : car le champ de la libre appréciation est ici presque sans limites.

Est-ce à dire pourtant qu'il faille aller jusqu'à reconnaître, à propos des questions d'ordre public ou de bonnes mœurs, aux tribunaux ordinaires, une indépendance complète, sans aucun contrôle possible de la part de la Cour de cassation? Nous ne croyons pas qu'il en soit ainsi : lorsque les juges de droit commun décident que telle ou telle convention est contraire à l'ordre public et aux bonnes mœurs, ils procèdent évidemment à la *qualification juridique* de cette convention, et par conséquent ils rendent une véritable décision de droit, susceptible d'être déférée à l'appréciation souveraine de la Cour suprême. Comparez : Cass.-civ. 3 mars 1869 (Dev. 1869-1-149); M. Demolombe, *Traité des donations entre-vifs et des testaments* t. I, n° 235, (t. XVIII des *Œuvres complètes*); — M. Alglave, *Définition de l'ordre public en matière civile*, (*Revue pratique* 1868, t. XXV, pages 486 et suivantes). Soutenir, en thèse générale, que les décisions judiciaires, rendues sur la question de savoir si une loi intéresse ou n'intéresse pas l'ordre public ou les bonnes mœurs, soutenir, disons-nous, que ces sortes de décisions doivent *toujours* être considérées comme des solutions en point de fait, non susceptibles de donner *jamais* ouverture à la cassation, ce serait imposer aux magistrats des Cours et des tribunaux ordinaires une prérogative pleine de périls et contraire aux vœux du législateur. Suivant la judicieuse remarque de Montesquieu (*Esprit des lois*, liv. XI, chap. 6), les lois qui protégent le mieux la liberté et l'indépendance des citoyens sont celles qui laissent le moins de place à l'arbitraire du juge. C'est en ce sens qu'un vieil adage disait : *Optima lex quæ minimum judici.* Comparez M. Dalloz aîné, *Répertoire de législation, de doctrine et de jurisprudence, verbo Cassation*, n°s 1206 à 1210, t. VII, pages 304 et 305, et n°s 1580 à 1583. Comparez Cass. 18 juillet 1871 (D. P. 1871-1-283), et surtout les conclusions de M. l'avocat général Paul Fabre, à propos de l'arrêt de rejet du 22 novembre 1865 (D. P. 1866-1-108 et 109).

2°. Les contrats à titre onéreux étant l'œuvre de toutes les parties, chacune d'elles est coupable, soit d'avoir proposé, soit d'avoir accepté une condition immorale ou ridicule : la convention que les parties ont faite ne peut et ne doit, par conséquent, profiter à aucune d'elles ;

3° Le législateur a craint, en outre, que, s'il maintenait le contrat, en effaçant seulement la clause illicite, les parties ne crussent leur honneur engagé à l'accomplissement, quand même, de la condition immorale ou illégale, sous laquelle elles avaient primitivement contracté.

Il est donc absolument essentiel, lorsque l'on veut introduire, dans un acte, une convention dérogatoire à une loi, de savoir si cette loi avait pour objet la sauvegarde d'un simple intérêt privé, ou si, au contraire, elle avait pour but de défendre l'intérêt général et d'assurer le maintien de l'ordre public et le respect des bonnes mœurs : nous verrons bientôt, en étudiant l'article 6, quel est le *criterium* qu'il convient d'adopter sur ce point important. Comparez la note 1, *suprà*, pages 50 et suiv.

27. IV. Nous arrivons à la quatrième division du droit, en droit commercial et droit civil (non commercial).

Le droit commercial est cette partie du droit privé qui trace les règles applicables aux commerçants et aux actes de commerce ou transactions commerciales. Un Code spécial (le Code de commerce), complété par une foule de lois importantes, dans le détail desquelles nous n'avons pas à entrer ici, est consacré à ces matières.

Le droit civil (*sensu stricto*), règle tous les faits de la vie ordinaire, qui ne constituent pas des actes de commerce.

Il y a plus : on décide généralement que le Code civil doit servir de complément aux règles du droit commercial.

On argumente des articles 18 et 94 du Code de commerce, qui renvoient, en matière de société et de commission, aux règles du Code civil ; de l'article 109 relatif à la preuve des achats et ventes, qui doit nécessairement être complété par les dispositions du Code civil; de l'article 1107 du Code civil qui ne renvoie au Code de commerce que pour les règles *particulières* aux transactions commerciales; de l'article 1873 du Code civil, qui déclare formellement applicable le titre des sociétés civiles aux sociétés commerciales, dans les points qui n'ont rien de contraire aux lois et aux usages du commerce; de l'avis du Conseil d'Etat du 13 décembre 1811, qui déclare « que les tribunaux de commerce doivent juger les questions particulières qui se présentent, suivant leurs convictions, d'après les termes et l'esprit du Code, et, en cas de silence de sa part, d'après le *droit commun* et les *usages* du commerce; » enfin, de l'exposé des motifs de la loi du 23 mai 1863 sur le gage commercial, qui confirme expressément cette manière de voir. (Comp. M. Boistel, *Précis de droit commercial*, nos 24 et 25.)

28. V. L'on distingue encore le droit *déterminateur*, et le droit *sanctionnateur*. (Voyez M. Oudot, *Essais philosophiques*, pages 72 et suivantes.)

Le droit déterminateur est celui qui pose les règles du juste et de l'injuste : exemples : articles 203, 205, 212, 213, 228, 340, 341, 371, 374, 384, etc.

Le droit sanctionnateur est celui qui procure l'observation des règles du juste et de l'injuste, à l'aide des peines qu'il inflige, ou des avantages qu'il accorde. Dans cette classification, il convient de faire rentrer d'abord les lois pénales et criminelles (Code d'instruction criminelle et Code pénal); le système des preuves qui servent à établir victorieusement en justice un droit méconnu ou violé; enfin plus généralement la procédure, qui indique les moyens à employer lorsqu'on veut obtenir le maintien, en justice, de ses prérogatives légitimes.

29. VI. La sixième division du droit, annoncée *suprà*, n° 16, consiste à reconnaître d'un côté un droit *écrit*, et d'un autre côté, un droit *non écrit* ou *coutumier*. Comparez notre *Sommaire de 1re année du cours de*

Code civil, nos 59, 62 et 141; M. Demolombe, t. I, nos 21, 22 et 32 à 35. Il faut bien comprendre la portée exacte que peut avoir cette classification, qui est surtout historique et scientifique.

Cette division du droit en droit écrit et droit non écrit ou coutumier, ne se rattache pas, dit M. Mourlon (*Répétitions écrites*, t. I, Introduction, no 13), au fait matériel de l'écriture : « Une loi peut être écrite, bien qu'elle ne soit point constatée par l'écriture, et réciproquement non écrite, bien qu'un écrit la constate. — *La loi écrite est celle* qui a été *proposée*, *discutée*, *acceptée* expressément, et *promulguée* par le législateur ; peu importe qu'elle soit ou non constatée par écrit. — *La loi non écrite* est celle qui s'est *introduite tacitement* par la coutume, c'est-à-dire par un usage généralement observé ; peu importe que cette coutume soit ou ne soit pas constatée par écrit. Ainsi, le droit *écrit* est celui qui résulte de la volonté *expresse* du législateur; le droit *non écrit* est celui qui résulte de sa volonté *tacite*, manifestée par la tolérance qu'il accorde aux usages constants et généraux. — Cette distinction a joué un grand rôle dans notre ancienne jurisprudence. La France, en effet, avait autrefois deux législations bien distinctes, le droit *non écrit* ou *coutumier*, dans le Nord; le droit *écrit*, dans le Midi. Mais *aujourd'hui*, *nous n'avons plus*, *du moins en matière civile*, *que des lois écrites*. Les anciennes coutumes ont été abrogées par l'article 7 de la loi du 30 ventôse an XII (21 mars 1804). Quant aux usages nouveaux, si persévérants, si généraux qu'ils soient, ils n'acquièrent point force de loi. Les juges ne peuvent appuyer sur eux leurs décisions, que dans les cas spéciaux où la *loi écrite* s'y réfère. » Comparez les articles 590, 593, 663, 671, 1135, 1758, 1759, etc.; Voyez M. Demolombe, *Cours de Code civil*, t. I, nos 32 à 35; ajoutez Cass. 14 mai 1852 (Mallet), (Dev. 1852-1-855); comparez la loi des 13-20 juin 1866, concernant les usages commerciaux, (D. P. 1866-4-67 et suivants).

29 *bis*. VII. Nous devons encore signaler la division du droit en *droit criminel* ou *pénal*.

Le droit criminel est une des parties les plus importantes de la législation française. Il constitue un élément essentiel du droit public, puisqu'il fait connaître les garanties dont le législateur environne les droits les plus précieux du citoyen, à savoir la sûreté personnelle, la liberté individuelle et la propriété.

Le droit criminel ou pénal peut donc être défini l'ensemble des règles de fond et de forme, qui doivent présider à la répression des infractions.

Les lois pénales ont un triple objet. Elles déterminent : 1° les faits défendus dans un intérêt social à peine de châtiment; 2° les peines infligées comme sanction en cas de violation de la défense; 3° le système de procédure suivant lequel ces peines sont appliquées. Ces dernières lois sont des lois de forme; les autres se rapportent au fond même du droit.

29 *ter*. VIII. Une autre division également importante est celle du droit en droit administratif et en droit constitutionnel. Ces deux branches de la législation se rattachent d'ailleurs au droit public interne. Nous proposerons les définitions suivantes, données par M. Ducrocq, dans son savant *Traité de droit administratif* (t. I, n°s 3 et 4) :

Le *droit administratif* est l'ensemble des principes et des règles qui résultent des lois d'intérêt général et de celles qui président au fonctionnement de tous les organes, non judiciaires, du pouvoir exécutif, chargés de leur application.

Ce droit comprend, par conséquent, dans les vastes limites de cette définition : 1° toute l'organisation administrative de la France, composée d'agents, de conseils et de tribunaux administratifs ; 2° la règlementation par les lois administratives, ayant pour objet de les appliquer, de les étendre ou de les resteindre, des principes de droit public qui consacrent les droits et les devoirs des citoyens et individus dans leurs rapports avec l'intérêt général; 3° la création et la mise en œuvre des personnes morales dont l'existence présente un intérêt de cette sorte.

Le *droit constitutionnel* comprend les règles, écrites ou traditionnelles, relatives à la formation ou à la transmission des grands pouvoirs de l'Etat, au gouvernement politique de la société, et à la détermination des principes de droit public qui servent de base à son organisation.

C'est au droit constitutionnel qu'il appartient de déterminer les principes qui forment la base du droit public d'un pays et qui garantissent aux citoyens et aux individus la jouissance et l'exercice des droits d'ordre politique, d'ordre religieux, d'ordre naturel ou civil. Mais ce sont des lois administratives qui mettent ces principes en œuvre et fixent leurs conditions d'exécution.

30. IX. Une dernière division à signaler est celle qui se réfère au droit forestier, c'est-à-dire au régime des bois et forêts, l'une des plus importantes sources de richesses pour le pays.

Aux termes de l'article 1er du Code forestier, il faut regarder comme soumis au régime forestier : 1° les bois et forêts qui font partie du domaine de l'Etat ; — 2° ceux qui font partie du domaine de la couronne ; — 3° ceux qui sont possédés à titre d'apanage et de majorats réversibles à l'Etat ; — 4° les bois et forêts des communes et des sections de communes ; — 5° ceux des établissements publics ; — 6° les bois et forêts dans lesquels l'Etat, la couronne, les communes ou les établissements publics ont des droits de propriété indivis avec des particuliers.

Troisième leçon.

30 *bis*. Nous venons d'expliquer en quoi consistent la loi, la morale et le droit. Nous avons fait connaître

les différentes divisions du droit, son but et ses moyens d'action.

Nous arrivons ainsi au chapitre deuxième de notre introduction générale.

CHAPITRE DEUXIÈME.

Théorie sommaire des différentes espèces de devoirs (*sensu lato*) ou d'obligations. — Distinction des droits réels et des droits personnels ou droits de créance.

30 *ter*. L'on a coutume de distinguer trois grandes classes de devoirs, en prenant ce mot dans son sens le plus étendu :

1° Les devoirs purement moraux ou obligations de conscience ;

2° Les devoirs juridiques positifs ou obligations civiles ;

3° Les devoirs juridiques naturels ou obligations naturelles. (Comparez M. Boistel, *Cours élémentaire de droit naturel et de philosophie du droit*, 3e leçon, pages 57 et suivantes.)

Les *devoirs* purement *moraux* ou *obligations de conscience* (1) sont tout à fait en dehors de l'ordre légal ou

(1) Le terme d'obligation, dit Pothier au n° 1 de son *Traité des obligations* (édition Bugnet, t. II, page 1), a deux significations : « Dans une signification étendue, *sensu lato*, il est synonyme du terme *devoir*, et il comprend les *obligations imparfaites* aussi bien que les *obligations parfaites*. — On appelle *obligations imparfaites*, les obligations dont nous ne sommes comptables qu'à Dieu, et qui ne donnent aucun droit à personne d'en exiger l'accomplissement : tels sont les devoirs de charité, de reconnaissance ; tel est, par exemple, l'obligation de faire l'aumône de son superflu. Cette obligation est une véritable obligation, et un riche pèche très grièvement, lorsqu'il manque à l'accomplir. Mais c'est une obligation imparfaite, parce qu'il n'en est comptable qu'à Dieu seul : lorsqu'il s'acquitte de cette obligation, le pauvre à qui il fait l'aumône, ne la reçoit pas comme une dette, mais comme un pur bien-

social, et relèvent exclusivement de l'ordre moral. Ils comprennent, sans aucune distinction, tous les devoirs de l'homme envers Dieu, et tous ses devoirs envers lui-même; ils comprennent également, parmi les devoirs de l'homme envers ses semblables, les devoirs de charité ou de bienfaisance et les devoirs de reconnaissance. Tout ici, nous le répétons, est exclusivement du ressort du for intérieur. Ces différents devoirs sont l'expression de ce sentiment profond du juste et de l'injuste, du bien et du mal, qui existe à un degré plus ou moins développé dans le cœur de chacun de nous.

Mais il est évident que ces préceptes, dont la souveraineté s'impose d'ailleurs à l'intelligence de l'homme, ne sauraient néanmoins suffire à eux seuls : car les passions les font trop souvent enfreindre, les sophismes les altèrent, les penchants égoïstes détournent de leur observation.

En dernière analyse, l'obligation purement morale n'est qu'un simple devoir de convenance, de l'accomplissement duquel l'homme n'a pas à répondre devant la société : elle n'engendre, à proprement parler, ni dette, ni créance : ses effets directs ne se produisent que dans le for intérieur : elle ne constitue pas un lien de droit, ni une véritable nécessité juridique, en sorte que, si elle est acquittée, il y a une véritable libéralité; car c'est bien *nullo jure cogente*

fait. Il en est de même des devoirs de la reconnaissance : celui qui a reçu quelque bienfait signalé, est obligé de rendre à son bienfaiteur tous les services dont il est capable, lorsqu'il en trouve l'occasion; il pèche et il se déshonore, quand il y manque : mais son bienfaiteur n'a aucun droit d'exiger de lui ses services; et lorsqu'il les lui rend, ce bienfaiteur reçoit de lui à son tour un véritable bienfait. Si mon bienfaiteur avait droit d'exiger de moi que je lui rendisse, dans la même occasion, les mêmes services qu'il m'a rendus, ce ne serait plus un bienfait que j'aurais reçu de lui, ce serait un vrai commerce; et les services que je lui rendrais ne seraient plus, de ma part, une *reconnaissance*, la reconnaissance étant essentiellement volontaire. — Le terme d'*obligations*, dans un sens plus propre et moins étendu, ne comprend que les *obligations parfaites*, (qu'on appelle aussi *engagements personnels*,) qui donnent à celui envers qui nous les avons contractées, le droit d'en exiger de nous l'accomplissement; et c'est de ces sortes d'obligations qu'il s'agit dans notre *Traité des obligations.* » Comparez les notes ajoutées par M. Bugnet à ce passage de Pothier.

qu'un tel acte est consenti : dès lors, on peut dire avec le jurisconsulte Paul : « *Etsi honestè, ex liberalitate tamen fit.* » (L. 12, § 3, *in fine*, Dig. liv. XXVI, tit. 7, *de administratione et periculo tutorum.*)

Dès lors, les devoirs purement moraux ou obligations de conscience ne pouvant donner lieu qu'à une sanction purement immatérielle et intérieure, souvent même remise à la vie future, le jurisconsulte, dans la sphère où il est placé, n'a point, en général, à s'en préoccuper. En effet, au point de vue du droit, nous devons prendre en considération seulement celles des lois morales qui ont été l'objet d'une promulgation législative, soit explicite, soit au moins implicite ou par voie de conséquence, parce que leur observation était jugée nécessaire à la marche régulière et normale des sociétés contemporaines, pour lesquelles la loi était rédigée. Nous allons donc laisser de côté, pour un instant, les devoirs purement moraux, pour aborder la distinction (formulée plus haut, n° 30 *ter*), des devoirs juridiques naturels, ou obligations naturelles, et des devoirs juridiques positifs, ou obligations civiles. Pour plus de clarté, nous ferons d'abord porter notre examen sur cette dernière catégorie de devoirs.

La plus parfaite des obligations, celle qui donne au créancier la plénitude des avantages dont il peut avoir besoin, est assurément l'*obligation civile* ou *devoir juridique positif*. Voilà l'obligation par excellence : car elle est officiellement reconnue par le législateur, elle est munie d'une action, et son exécution est garantie par la puissance publique. On peut la définir (1), en disant qu'elle constitue un lien de droit, en vertu duquel (ou une nécessité juridique en vertu de laquelle), une ou plusieurs personnes individuellement déterminées sont tenues envers une ou plusieurs autres également déterminées, à donner, à faire,

(1) M. Boistel, dans son *Cours élémentaire de droit naturel* (11e leçon, pages 287 et suiv.), définit l'obligation civile de la manière suivante : « L'obligation est un devoir juridique positif qui nous est imposé, lorsqu'une autre personne a droit à un certain exercice de notre activité en sa faveur. »

ou à ne pas faire quelque chose (Comp. article 1101 et *Instit.* Justin. liv. III, tit. 13 pr.). Elle porte surtout les deux caractères distinctifs que voici : d'une part, elle engendre un véritable lien, *vinculum juris*, garanti et sanctionné par le pouvoir social ; d'autre part, elle est essentiellement relative, et elle existe entre deux personnes nettement désignées à l'avance. Prenez l'hypothèse d'une vente, ou celle d'un louage, ou celle d'un prêt ; partout et toujours vous rencontrerez à la fois la *nécessité* juridique ayant sa base dans une coercition extérieure possible pour en procurer l'exécution, la *relativité* du lien, et la *détermination* des personnes.

Le Code civil, dans les articles 1101 à 1108 combinés avec les articles 1370 et suivants, semble reconnaître cinq sources différentes, ou cinq causes génératrices d'obligations civiles :

1° Les contrats ;

2° Les quasi-contrats ;

3° Les délits ;

4° Les quasi-délits ;

5° La loi.

Nous verrons plus tard si cette division n'est pas susceptible de soulever quelques critiques. Je me borne actuellement à vous en signaler l'existence, en vous avertissant que les rédacteurs du Code l'ont trouvée et prise dans Pothier, leur guide le plus habituel. Voici comment Pothier définissait ces différentes causes génératrices des obligations, dans son *Introduction générale aux coutumes*, chap. IV, n°s 114 à 117 (édition Bugnet, t. I, page 43) : « On appelle *contrat*, disait l'éminent jurisconsulte, la convention de deux ou de plusieurs personnes, par laquelle l'une et l'autre réciproquement, ou l'une d'elles seulement, s'engage envers l'autre à lui donner quelque chose, ou à faire ou à ne pas faire quelque chose (article 1101 C. civ.). De là la division des *contrats* en *synallagmatiques*, par lesquels chacune des parties s'engage réciproquement envers l'autre, et d'où naissent, par conséquent, des actions respectives : tels sont les contrats de vente, de louage, de société, de mandat, etc. ; et en contrats *unilatéraux*, dans lesquels il n'y a que l'une des parties qui s'engage envers l'autre (articles 1102 et 1103 C. civ.) : tel est le contrat de prêt d'argent. — On appelle *quasi-contrat*, un fait licite d'où résulte quelque obligation d'une personne envers une autre, sans qu'il soit intervenu aucune convention entre elles (article 1371 C. civ.) : telle est la gestion qui se fait des affaires d'un absent sans aucun ordre de sa part; car cette gestion oblige celui qui a géré, à rendre compte, et celui dont les affaires ont été (utilement) gérées, à indemniser celui qui les a gérées de ce qu'il lui en a coûté. — On appelle *délits* et *quasi-délits* les faits illicites qui ont causé quelque tort à quelqu'un, d'où naît l'obligation de le réparer (articles 1382 et suiv. C. civ.). — Si ce fait procède de malice ou d'une volonté de causer ce tort, c'est un *délit* proprement dit, tel que le vol; s'il ne procède que d'imprudence, c'est un *quasi-délit*. — Il y a aussi des actions personnelles qui naissent de certains engagements que la loi seule forme, et qu'on appelle pour cet effet *condictio ex lege* (article 1370 C. civ.) : telle est l'action du retrait lignager (1), telle est aussi celle qui naît de l'article 235 de la coutume, relatif à la mitoyenneté (édition Bugnet, t. I, page 324). V. sur ce point l'*Introduction au* titre 18. — Il y a même des engagements formés par la seule équité naturelle, d'où naissent des actions : telle est l'obligation en laquelle sont les enfants de donner des aliments à leurs père et mère indigents. » L'obligation alimentaire est aujourd'hui expressément consacrée par le Code civil dans les articles 203, 205 et suivants.

(1) Le *retrait lignager*, supprimé aujourd'hui, était le droit que la loi municipale accordait aux *parents d'un vendeur* de prendre le marché de l'étranger à qui l'héritage *propre* de leur famille avait été vendu, et de se faire, en conséquence, délaisser cet héritage, à la charge d'indemniser l'étranger acquéreur de tout ce qu'il avait déboursé pour l'acquisition. Voyez Pothier, Introduction, au titre 18, *Du retrait lignager*, n° 2 (édition Bugnet, t I, page 559).

A côté, ou plutôt au-dessous des obligations civiles proprement dites, mais toujours dans la sphère du droit, nous trouvons certaines obligations moins parfaites, désignées habituellement sous le nom de devoirs juridiques naturels ou *obligations naturelles*. Ces obligations se rattachent sans doute au droit général des divers peuples ; mais, en fait, le législateur français, en rédigeant les Codes modernes, ne les a pas élevées à la hauteur d'une institution sociale et légale proprement dite : aucun texte ne s'y rapporte, soit directement, soit indirectement : aucune disposition, soit implicite, soit explicite, ne les prévoit. Ce n'est point à dire que ces obligations doivent être considérées comme proscrites : mais comme elles n'ont point trouvé place dans nos Codes, elles ne peuvent produire que des effets limités et sévèrement circonscrits. Par suite, l'obligation naturelle peut être définie, celle qui, ne se trouvant pas d'ailleurs en opposition avec le droit positif, et faisant partie des biens du créancier, n'est pas toutefois susceptible de produire une action, ni de donner ouverture à la compensation (1). La sanction civile n'existe pas : le créancier ne peut rien exiger par la voie judiciaire. Toutefois, aux termes de l'article 1235, al. 2, la répétition n'est pas admise à l'égard des obligations naturelles qui ont été volontairement acquittées : ainsi, par exemple, un mineur, un jeune homme de dix-huit ans, a emprunté une somme d'argent, sans l'intervention régulière de son tuteur : il n'est pas *civilement* obligé. Mais pourtant, s'il reconnaît sa dette, une fois devenu majeur, et s'il rembourse son prêteur, il aura fait un acte parfaitement valable, et exécuté une véritable obligation. Il y a plus : un paiement partiel, fait par le mineur devenu majeur, purement et simplement et sans aucunes réserves, em-

(1) Comparez M. Massol, *Traité de l'obligation naturelle* et de *l'obligation morale, en droit romain et en droit français*, page 7, n° 2, et pages 217 et suivantes; voyez surtout le chapitre I de la seconde partie, page 221. Les obligations naturelles peuvent, tout aussi bien que les obligations civiles proprement dites, avoir pour objet tantôt un transfert de propriété, tantôt une prestation quelconque, tantôt un fait, tantôt enfin une abstention.

portera la plupart du temps reconnaissance définitive de la dette entière. Comparez M. Mourlon, *Répétitions écrites*, t. II, n°s 1308 à 1312, page 686; et M. Demolombe, *Traité des contrats ou des obligations*, t. IV, n°s 33 à 50 (t. XXVII des *Œuvres complètes*).

Il est généralement facile de reconnaître et de constater l'existence d'un devoir juridique positif, en d'autres termes, d'une obligation parfaite ou civile, à cause de la certitude et de la fixité de ses caractères distinctifs. Mais il est souvent fort embarrassant, au contraire, de déterminer exactement la ligne de démarcation entre les obligations naturelles (ou devoirs juridiques naturels), et les simples devoirs moraux (ou obligations de conscience). Nous ne trouvons, en effet, sur ce point, dans nos lois codifiées, aucun *criterium* législativement fixé. Les rédacteurs du Code civil se sont contentés de déclarer, dans l'article 1235, al. 2, que « la répétition n'est par admise à l'égard des obligations naturelles qui ont été volontairement acquittées, » et dans l'article 2012, al. 2, qu' « on peut cautionner une obligation, encore qu'elle pût être annulée par une exception purement personnelle à l'obligé, par exemple, dans le cas de minorité. » Il est donc incontestable qu'il y a encore, sous le Code civil, des obligations naturelles : mais il n'existe, en ce qui les concerne, aucune théorie législativement organisée.

M. Demolombe, bien qu'il admette, en pratique, la distinction des obligations naturelles et des obligations de conscience (t. XXIV et XXVII des *Œuvres complètes* ou *Traité des obligations*, t. I, n° 7, et t. IV, n°s 34 à 45), semble même penser que l'abstention des rédacteurs du Code a été sage et judicieuse au point de vue théorique : « Les faits, dit l'éminent jurisconsulte, d'où peut résulter l'obligation naturelle, offrent une si infinie variété, ils peuvent revêtir tant de nuances diverses, et surtout ils sont subordonnés à tant d'éléments, si relatifs, si intimes, si personnels, qu'il est véritablement impossible de la discerner et de la reconnaître; à ce point qu'un fait, qui semblerait le même en apparence, peut engendrer une obligation naturelle pour l'un et n'en point engendrer pour l'autre; aussi, le législateur a-t-il fait preuve de beaucoup d'expérience et de sagesse en n'entreprenant pas de la définir et en laissant entièrement à la conscience individuelle de chacun, sous sa responsabilité morale, le soin de prononcer ce jugement! (Comp. Bordeaux, 27 mai 1848, Chassard, Dev. 1848-2-604.) Or, la thèse ainsi posée (et tels en sont, à notre avis, les véritables termes), ne comporte pas la distinction entre *l'obligation naturelle et l'obligation morale*, telle du moins que l'on a voulu l'y introduire d'une façon théorique et absolue! — Pothier (*Obligations*, n° 173) ne faisait pas non plus cette distinction, lorsqu'il définissait l'obligation naturelle, celle qui, dans le for de l'honneur et de la conscience, oblige celui qui l'a contractée, à l'accomplissement de ce qui y est contenu. » (M. Demolombe, *Donations*, t. III, n° 38.)

Nous reconnaissons volontiers, avec le savant doyen de la Faculté de droit de Caen, que la détermination des caractères véritablement distinctifs de l'obligation naturelle constitue une œuvre périlleuse et difficile : mais nous ne saurions aller jusqu'à la croire impossible, même au point de vue législatif et théorique. M. Demolombe, d'ailleurs, l'a parfaitement compris; car il essaie bientôt, lui aussi (*Donations*, t. III, n° 38, t. XX des *Œuvres complètes*; voyez aussi le *Traité des contrats et obligations*, t. IV, n°s 33, 34 et suivants t. XXVII des *Œuvres complètes*), de présenter un *criterium* destiné à faciliter la solution doctrinale de la difficulté : « L'élément, dit-il, qui nous paraît constitutif de l'obligation naturelle, c'est *l'aveu de l'obligé*, c'est la reconnaissance par lui faite volontairement qu'il se considère comme tenu, en conscience, d'une dette naturelle envers une personne déterminée. »

Nous ne saurions partager cette manière de voir : l'aveu de la partie (1) peut bien devenir, sans doute, ou fournir

(1) L'aveu de la partie peut être d'une grande importance dans certains cas, notamment au point de vue de l'application de l'article 1235, al. 2 : « La répé-

la preuve de l'existence d'une obligation naturelle : ce sera, si l'on veut, la meilleure et la plus complète des

tition, dit ce texte, n'est pas admise à l'égard des obligations naturelles qui ont été *volontairement* acquittées. » On a demandé ce qu'il fallait entendre par ce mot *volontairement*. Suffit-il que l'exécution de l'obligation naturelle ait eu lieu *librement* de la part du débiteur, c'est-à-dire en l'absence de dol, de surprise ou de violence ? Ou bien faut-il que le débiteur ait acquitté l'obligation naturelle *en connaissance de cause*, en sachant parfaitement qu'il ne pouvait pas être contraint à payer ? — Ainsi, par exemple, Pierre, héritier de Raymond, trouve dans la succession de celui-ci, une dette qu'il croit civilement obligatoire (bien qu'elle soit, en réalité, une dette purement naturelle), et il la paie spontanément, sans que le créancier ait employé, à son égard, aucune manœuvre dolosive, ni usé de violence : Pierre a-t-il payé *volontairement* dans le sens de l'article 1235, al. 2? Des jurisconsultes fort autorisés ont soutenu que le vœu de la loi se trouvait rempli par la spontanéité du paiement opéré en dehors de toute obsession et de toute intimidation. Cette doctrine invoque d'abord les termes tout à fait généraux de l'article 1235 : d'ailleurs, ajoute-t-on, le débiteur ne saurait être admis à venir alléguer qu'il a été honnête sans le savoir, et à soutenir que, s'il eût connu le véritable caractère de l'obligation, il se serait bien gardé d'obéir à l'inspiration de sa conscience.

Cette doctrine nous paraît inexacte : nous pensons plutôt que, pour pouvoir écarter la répétition par application de l'article 1235, al. 2, il faut que le paiement de la dette naturelle ait été fait *en connaissance de cause*, et que le débiteur ait parfaitement su, en la soldant, qu'il ne pouvait pas être contraint à payer. Il faut, en un mot, que l'exécution ait eu lieu dans des termes tels qu'elle constitue nécessairement de la part du débiteur l'aveu de la validité de la dette. M. Bigot-Préameneu l'a formellement déclaré devant le Corps législatif (voyez *Fenet*, t. XIII, page 264) : « L'obligation naturelle ne devient un lien civil que par une induction tirée du paiement.... Le paiement est une renonciation de fait aux exceptions sans lesquelles l'action eût été admise; renonciation que la bonne foi seule et le cri de la conscience sont présumés avoir provoquée; renonciation qui forme un lien civil que le débiteur ne doit plus être le maître de rompre. » Ces observations de l'orateur du gouvernement sont en harmonie parfaite avec les termes de l'article 1235, al. 2; ce texte exige que la dette naturelle ait été *volontairement* acquittée, ce qui suppose chez le débiteur l'intelligence et la liberté, partant, le paiement effectué en connaissance de cause. On voit donc comment l'aveu du débiteur, qui reconnaît énergiquement, en l'exécutant, l'existence et la valeur d'une dette purement naturelle dans son principe, peut emporter la ratification définitive de la loi. Le législateur était arrêté par la difficulté pratique de l'appréciation : il n'a point voulu poser de *criterium* absolu, laissant à la doctrine et à la jurisprudence le soin de le chercher : mais *l'obligation naturelle une fois reconnue et constatée*, si l'aveu éclairé du débiteur vient la confirmer, les rédacteurs du *Code Napoléon* reconnaissent désormais l'obligation, et maintiennent l'exécution qui est intervenue. (*Voyez* articles 1338 et 2056. — Comparez Mourlon, *Répétitions écrites*, t. II, page 673 et nº 1311 ; — Marcadé, sur l'article 1235, t. IV, page 533, § 671.) L'article 1967, en ce qui concerne les dettes résultant du jeu et du pari, écarte également la répétition en exigeant une double démonstrations ; mais c'est aller trop loin que de présenter l'aveu comme un *élément constitutif :* la création des obligations naturelles ne peut pas, en effet, dépendre du caprice de l'homme ; cela est si vrai que plusieurs de ses conséquences peuvent se produire, malgré l'abstention du débiteur et même nonobstant sa volonté contraire formellement exprimée : c'est ainsi que le créancier d'une obligation simplement *naturelle* peut, en dehors de l'assentiment du débiteur, obtenir d'un tiers, son intercession à titre de caution personnelle ou se faire consentir également, par un tiers, une hypothèque à titre de sûreté réelle.

Dès lors, il appartient aux juristes et aux juges de découvrir les règles encore existantes du droit naturel et de les appliquer. A côté, en effet, des principes formellement ou implicitement consacrés par nos Codes, il y a des devoirs généralement acceptés par le droit des peuples civilisés, mais que le législateur français a laissés dans l'ombre, dont il ne s'est occupé, ni directement, ni indirectement. C'est, par exemple, une obligation naturelle, et non pas seulement un devoir de conscience, que l'obligation qui pèse sur le failli concordataire (art. 507 et suiv. Cod. com.), de désintéresser intégralement ses créanciers, malgré la remise qu'il a obtenue. « Cette remise, en effet, dit avec raison M. Demolombe (t. XXVII des *Œuvres complètes*, ou t. IV du *Traité des contrats et obligations*, n° 40), par laquelle les créanciers ont renoncé à leur droit de poursuite, ils ne l'ont pas faite *animo donandi*, mais seulement sous l'empire de la nécessité. — Mais ils n'ont pas reçu tout ce qui leur était dû, et si l'obligation civile est néanmoins éteinte pour le tout, l'obligation natu-

condition, d'une part que le paiement ou l'acte équivalent au paiement ait été accompli volontairement par le perdant, et d'autre part que le jeu ou le pari ait été tenu par le gagnant avec fidélité et loyauté. (Comparez M. Pont, *Petits contrats*, t. I, article 1967, n° 4, § 659 ; — M. Demolombe, t. XXVII des *Œuvres complètes*, ou *Traité des obligations*. t. IV, n°s 45 et 46 à 50 ; — Limoges, 12 décembre 1868 (Dev. 1869-2-104) ; Cassation, 30 décembre 1862 (Dev. 1863-1-257 à 260).

relle subsiste pour la partie de la dette, qui n'a pas été acquittée. » *En ce sens*, voyez Bordeaux, 14 janvier 1869 (Salaire C. Wingfield), Dev. 1869-2-164, avec la note ; aj. Rennes, 8 janvier 1872 (Cordier), Dev. 1872-2-91 et la note.

31. Toutefois, tenez pour certain que les tribunaux et les jurisconsultes, interprètes des lois existantes, ne doivent jamais reconnaître comme *obligations véritablement naturelles* des devoirs qui seraient, par hypothèse, en opposition flagrante avec nos lois codifiées : je ne crois pas qu'il puisse y avoir aujourd'hui des obligations naturelles, existant comme telles, bien que *jure civili reprobatæ*. Vous ne devez pas, par exemple, admettre comme portant le caractère d'obligations naturelles les dettes de jeu ou les dettes résultant d'un pari, en présence des termes exclusifs de l'article 1965. La législation française et la législation romaine, dit fort judicieusement M. Massol, dans son *Traité de l'obligation naturelle* (seconde partie, chap. IV, section 14, n° 1, page 302), « s'entendent pour dénier aux dettes de jeu le caractère d'obligation naturelle : voyez l'article 138 de l'ordonnance du mois de janvier 1629. Il est vrai que, lorsque le paiement s'en est suivi, la loi française (art. 1976 Cod. civ.) n'accorde pas la répétition : mais cela ne prouve pas qu'à ses yeux la dette de jeu soit naturelle ; car l'obligation naturelle ne peut pas avoir son principe dans une convention compromettante pour la société : or, comme le faisait remarquer M. Portalis, dans son *exposé des motifs* devant le Conseil d'Etat (Fenet. t. XIV, page 539), à la différence des autres contrats qui rapprochent les hommes, celui de jeu les éloigne, il brise le lien social. Dès lors, il ne faut point s'étonner que, les torts étant réciproques, on applique la règle : « *in pari (aut in turpi) causâ, melior est causa possidentis.* » Comparez M. Demolombe, *Obligations*, t. IV, n°s 44 et 45 (t. XXVII des *Œuvres complètes*). Nous retrouverons, du reste, plus tard cette théorie, et nous l'étudierons alors avec plus de détails. Je me borne actuellement,

Messieurs, à vous faire observer que, si l'on n'accepte pas la doctrine que je viens de vous proposer, l'on arrive fatalement, dans la pratique, à l'arbitraire le plus dangereux; s'il appartient aux juges de consacrer discrétionnairement des obligations ou des règles de droit naturel, même en contradiction avec les dispositions formelles de nos Codes, voilà l'antagonisme entre les lois civiles et les lois naturelles qui va renaître, voilà l'unité de législation rompue, voilà partout le doute et l'incertitude : et cependant la formule législative et la codification avaient précisément pour but d'éviter tous ces inconvénients, dont la longue expérience du passé avait démontré toute la gravité!

Oh! sans doute, il pourra arriver, bien rarement toutefois, que la *conscience* du juge se révolte : il n'est pas sans exemple, surtout à l'époque des grands cataclysmes sociaux, que des lois aient été promulguées en opposition avec les principes de la morale : je vous rappelle, entre autres, la célèbre loi du 17 nivôse an II sur les successions, et les dispositions édictées encore durant la première révolution française, par la Convention nationale (1), pour frapper les émigrés de la peine du bannissement à perpétuité, en ordonnant la confiscation et la vente de leurs biens, en outre des condamnations à mort décrétées contre ceux des émigrés qui voudraient rentrer en France; vous connaissez encore l'histoire de l'installation du tribunal révolutionnaire, la loi contre les prétendus accapareurs, les emprunts forcés, la loi des suspects, enfin tout cet ensemble de règles législatives contemporaines de la terreur. Certes, pendant leur durée éphémère, ces décrets, contempteurs de la *morale*, violaient également les principes du *droit naturel*. Pourtant les tribunaux avaient le devoir *social* de les appliquer, tout en pouvant en réclamer l'abrogation. Le jour où les tribunaux, à l'occasion de chaque procès, s'arrogeraient le pouvoir de

(1) Comparez M. Eschbach, *Introduction générale à l'étude du droit*, page 398, n° 193, et M. Minier, *Précis historique du droit français*, pages 733 à 737.

juger la loi et d'en refuser, à leur gré, l'application, la loi cessèrait d'être ce qu'elle doit être, une règle obligatoire pour la société tout entière : c'est au législateur qu'il appartient de veiller à ce que les lois, par lui édictées, soient en harmonie avec la justice éternelle. Ce sont là seulement les lois qui durent, et qui fondent la puissance d'un pays.

En dernière analyse, il peut éventuellement arriver qu'un principe de morale persiste, malgré une loi positive contraire, et à côté d'un Code violateur de la loi morale sur un point déterminé : le domaine du for intérieur est, en effet, souverainement libre : l'homme, sur ce terrain, quelle que soit sa fonction sociale, ne relève que de sa conscience et de Dieu : *il n'y a pas de droit contre le devoir.*

Mais je n'admets pas qu'une règle de *droit naturel* puisse rester debout, en face d'un texte du droit positif consacrant une solution contraire : les tribunaux alors sont, au point de vue de l'application pratique, liés par la loi positive, quelque mauvaise qu'il vous plaise d'ailleurs de la supposer : nous sommes ici dans le for extérieur, où prédomine la souveraineté du législateur humain. La morale est supérieure au droit, parce qu'elle est autre chose, et qu'elle appartient à une sphère plus élevée : mais le droit naturel n'a d'autre valeur que celle d'être un type directeur au point de vue législatif, et dès lors son autorité doit disparaître devant celle du droit positif, qui forme désormais, dans la sphère de la pratique qui leur est commune, la loi vraiment vivante et obligatoire.

Ces affirmations ne présentent pas, du reste, de grands dangers dans l'application : car, une législation tout à fait arbitraire, qui ne répondrait pas d'une manière plus ou moins adéquate aux idées morales du temps et du pays, au *desideratum* du droit naturel, aux besoins légitimes de ceux pour qui elle est faite, serait condamnée, dès sa naissance, à une mort prochaine.

32. Puisque nous ne rencontrons pas, ainsi que je

viens de le dire, dans le Code civil, une théorie législativement organisée de l'obligation naturelle, c'est à la doctrine qu'il incombe de rechercher le *criterium* à adopter pour déterminer le point de savoir si telle ou telle obligation relève du droit naturel et du for intérieur, ou si elle relève de la conscience pure et du for extérieur, alors que d'ailleurs cette obligation n'a été prévue par aucun texte des lois positives, et qu'elle n'est repoussée, d'un autre côté, par aucune loi promulguée. Or, la solution de cette difficulté est d'autant plus embarrassante que nous rencontrons, tout d'abord, entre l'obligation naturelle et l'obligation morale ou devoir de conscience, une triple ressemblance impossible à méconnaître :

1° L'une et l'autre sont *privées* ou dépourvues d'*action*. Dans l'ordre moral, le pauvre ne peut pas exiger en justice l'accomplissement du devoir de charité ou d'aumône, pas plus que le bienfaiteur ne peut exiger l'accomplissement du devoir de reconnaissance. Dans l'ordre des obligations naturelles, le créancier qui a prêté, par exemple, de l'argent à un incapable, ne peut pas non plus l'assigner, avec chance de succès, en remboursement devant les tribunaux, de même que le failli concordataire ne peut pas être judiciairement contraint de désintéresser *intégralement* les créanciers qui lui ont consenti une remise partielle ;

2° L'une et l'autre peuvent servir de *point de départ* à la formation d'un *engagement civil* valable. L'incapable tenu à titre simplement naturel, peut, une fois devenu majeur, contracter un engagement nouveau, par exemple souscrire à son créancier un billet ou un acte de reconnaissance, ayant pour objet de valider la dette jusque-là inexigible. De même, l'engagement pris par un failli envers l'un de ses créanciers, après un concordat, de payer à ce créancier l'intégralité de sa créance, dès que ses ressources le lui permettraient, est licite et valable, comme découlant d'une obligation naturelle. En ce sens, voyez Rennes, 8 janvier 1872 (Cordier), Dev. 1872-2-91 ; comparez articles 597, 604, Cod. com, et 1133 Cod. civ. Si nous pénétrons dans le domaine des obligations morales, nous rencontrons aussitôt des règles identiques : prenez, par exemple, le devoir d'aumône ou de bienfaisance : tous les jours, des personnes riches créent des rentes au profit des hospices, des fabriques, des bureaux de bienfaisance, etc. Prenez le devoir de reconnaissance : ce devoir est fréquemment le point de départ de la création de rentes alimentaires, par analogie des articles 203 et 205 Cod. civ.; aj. les articles 581 et 582 Cod. proc. civ.

3° L'une et l'autre, lorsque l'*exécution* en a été *volontairement* réalisée, n'admettent *pas* la *répétition de l'indû*, dans les termes des articles 1376 et suiv. : l'article 1235, al. 2, est formel, en ce qui touche l'obligation naturelle : « La répétition n'est pas admise, dit ce texte, à l'égard des obligations naturelles qui ont été volontairement acquittées : les articles 1965 et 1967 appliquent les mêmes principes en matière d'obligations simplement morales ou devoirs de conscience. L'article 1965 commence par déclarer (1) que la loi n'accorde aucune action pour une dette de jeu ou pour le paiement d'un pari : « Que font, a dit avec raison M. Portalis, deux joueurs qui traitent ensemble? Ils se promettent respectivement une somme déterminée dont ils laissent la disposition à l'aveugle arbitrage du hasard. Où est donc la cause de l'engagement? On n'en voit aucune..... A la différence des contrats ordinaires qui rapprochent les hommes, les promesses contractées au jeu les divisent et les isolent. » (Fenet, t. XIV, page 539.) Les dettes résultant du jeu et du pari n'ont donc pas le caractère de l'obligation naturelle : l'article 138 de l'ordonnance du mois de janvier 1629 le décidait déjà ainsi dans notre ancien droit, en proclamant « toutes dettes contractées pour jeu, nulles, et toutes obligations et promesses faites pour le jeu, quelque déguisées qu'elles soient, nulles et de nul effet, et *déchargées de toutes obli-*

(1) Voyez aussi l'article 204 du Code civil, lequel refuse formellement à l'enfant toute action, contre ses père et mère, pour un établissement par mariage ou autrement.

gations civiles et *naturelles.* » Veuillez remarquer, Messieurs, que cette ordonnance annule même l'obligation naturelle : c'est à peu près le seul exemple que je connaisse, d'un cas où le législateur se soit prononcé en termes formels, pour annihiler l'obligation naturelle (*Recueil d'édits et ordonnances*, t. I, page 180). Néanmoins l'article 1967 du Code civil ajoute : « Dans aucun cas, *le perdant ne peut répéter ce qu'il a volontairement payé*, à moins qu'il n'y ait eu, de la part du gagnant, dol, supercherie ou escroquerie. » Le motif ici, c'est que, les torts étant réciproques, celui qui possède doit être préféré par application de la règle, *in pari (vel in turpi) causâ, melior est conditio possidentis.* Il faut écarter soigneusement toute idée d'obligation naturelle ; car la dette résultant soit du pari, soit du jeu, est expressément réprouvée par le droit civil, sa naissance étant considérée comme susceptible de compromettre l'ordre social : ce que l'on peut admettre seulement, c'est qu'un devoir de conscience ait pu surgir à raison de la loyauté des parties : la maxime, *dettes de jeu, dettes d'honneur*, peut être acceptée dans le langage des gens du monde et au point de vue du for intérieur, mais jamais dans le droit. La prohibition juridique a, du reste, existé dès la plus haute antiquité : déjà sous l'empire de la jurisprudence romaine, un sénatusconsulte, mentionné au *Digeste*, (Lib. XI, tit. V *de aleatoribus*, l. 2, § 1), avait défendu de jouer et de parier de l'argent, sauf dans les courses à pieds, dans les luttes et dans les autres jeux de même nature, qui tiennent à l'exercice du corps.

33. Jusqu'ici l'obligation naturelle (ou devoir juridique naturel), et l'obligation de conscience (ou devoir purement moral) semblent se confondre et produire des effets identiques (1) ; mais nous allons signaler maintenant

(1) Voyez toutefois ce que nous avons dit plus haut, pour le cas où une loi positive, régulièrement promulguée, se trouverait, par hypothèse, en contradiction, soit avec les principes de la morale, soit avec quelqu'une des règles du droit naturel. Nous avons admis alors la prédominance nécessaire de la morale, souveraine absolue dans son domaine exclusif, le for intérieur. Nous avons pensé, au contraire, que le droit naturel s'effacerait, momentanément

quatre différences caractéristiques, dont la dernière seulement nous paraît susceptible d'une controverse sérieuse :

1° En premier lieu, l'obligation *naturelle* constitue un lien de droit, moins énergique sans doute que celui qui résulte de l'obligation civile, mais nettement accusé néanmoins ; on y trouve les trois termes ordinaires, un débiteur, un créancier, et une chose déterminée comme objet de la dette. L'obligation *morale*, au contraire, est essentiellement impersonnelle ; le montant de la dette qui découle du devoir de conscience est indéterminé : nous rencontrons un débiteur, mais pas de créancier certain ; car, dans la sphère du droit positif, tous ces devoirs dont la source peut être la piété, la reconnaissance, l'affection, la parenté ou l'honneur, ne constituent point un lien juridique. L'homme riche, par exemple, qui néglige de faire l'aumône de son superflu, commet sans doute, au point de vue du for intérieur, une faute grave ; mais, en se plaçant sur le terrain légal, on ne peut pas dire qu'il viole une obligation. Le montant de l'aumône est, d'autre part, essentiellement variable : le devoir ici augmente ou diminue suivant la position de fortune de l'obligé et suivant la misère des temps. L'obligation simplement morale présente donc, dans sa nature, l'indétermination la plus complète, soit quant à la valeur de la chose due, soit quant à la personne du débiteur. La généralité même du devoir fait qu'il n'y a pas, à proprement parler, de créancier : aux yeux de la *loi*, il n'y a rien ; c'est le néant. Ce qui est vrai seulement, c'est qu'un simple devoir de conscience peut devenir dans la pratique, l'occasion ou le prétexte d'un engagement civil régulier et valable : voyez *suprà*, page 77. — Tous les jours, en effet, des personnes riches créent des rentes au profit des hospices, des fabriques, des bureaux de bienfaisance et autres

au moins, devant la loi promulguée, qui seule, tant qu'elle n'est pas abrogée, doit rester maîtresse dans le domaine du for extérieur. Nous ne comprendrions pas un tribunal basant une décision sur une règle de droit naturel formellement contredite par un texte de nos Codes.

établissements pieux : mais on ne peut pas dire qu'il y ait, dans ce fait, confirmation, ratification ou novation d'une dette de conscience : il y a la création d'un engagement nouveau ; une dette *civile* est imposée à un individu qui, auparavant, ne pouvait être soumis à aucune réclamation *légale* ; aussi est-ce à ce moment précis qu'il faudra se placer pour apprécier la nature et les conséquences du contrat. Quant à l'obligation morale antérieure, quelque respectable qu'elle puisse être, elle est toujours nulle et non avenue pour les tribunaux : car le juge est appelé à statuer sur les faits du for extérieur ; tout ce qui ressort directement du for intérieur échappe à sa juridiction et ne peut point rentrer dans sa compétence : il est l'organe de la loi sociale ; cette loi, obligatoire pour tous les citoyens, quelles que soient d'ailleurs les convictions particulières de chacun d'eux, ne doit pas, sous peine d'aboutir à l'intolérance la plus tyrannique, descendre dans la conscience pour faire respecter les obligations découlant de la morale pure ;

2° En second lieu, considérée dans ses effets (1), l'obli-

(1) L'obligation naturelle, (d'après ce que nous avons dit plus haut), produit, en dernière analyse, tous les effets habituellement attachés à l'obligation civile, sauf qu'elle n'est pas susceptible d'engendrer une action en justice, ni de permettre la compensation : car la compensation n'est point, en réalité, autre chose qu'un paiement double et forcé (art. 1290). On a demandé, toutefois, si le créancier, dont le titre est fondé sur une obligation naturelle, ne pourrait pas, du moins, user du *droit de rétention* (art. 548, 1948, etc.), comme moyen coercitif à l'effet d'amener le débiteur à payer? — M. Massol (*Traité des obligations naturelles*, page 62, 247 et 248), admet l'affirmative : l'éminent professeur fait remarquer que ce droit est fondé principalement sur l'équité : « Il repose sur ce double principe : — Celui qui est créancier et qui doit à son tour prester une chose, n'est pas tenu de s'en dessaisir jusqu'à ce qu'il soit désintéressé, parce qu'une fois dénanti, il lui serait plus difficile de se faire payer ; — ce créancier, en faisant des avances, était fondé à croire qu'il lui serait permis de retenir la chose, lorsque c'est à cause d'elle ou à son occasion que la dette dont il réclame le montant a pris naissance.... Dès lors, celui qui a fait des avances à l'occasion d'une affaire intéressant un tiers qui ne peut s'obliger que naturellement, est fondé à retenir ce qu'il perçoit, pour s'indemniser de ses déboursés. La bonne foi serait blessée si l'obligé naturellement, exigeant l'exécution entière du contrat en sa ferveur, ne remplissait pas les engagements qui lui incombent. En droit romain, comme en droit français, l'obligation naturelle est dépourvue d'action : en rejetant la compensation

gation *naturelle* fait incontestablement partie des biens du créancier, elle constitue un droit en sa faveur, et dès lors

ex eâdem causâ, l'on arriverait à ce résultat, que l'un n'aurait pas le moyen de répéter les dépenses qu'il aurait faites, et que l'autre profiterait de l'affaire sans en supporter les charges. » On pourrait encore ajouter, avec la jurisprudence, à l'appui de l'opinion de M. Massol, que le droit de rétention n'est point un droit particulier, mais bien plutôt une conséquence nécessaire du principe général posé, en matière de contrats synallagmatiques, par l'article 1184 : toutes les fois que deux personnes sont liées l'une envers l'autre par des obligations réciproques, l'exécution de la convention ne peut être exigée par l'une des parties ou par ses créanciers et ayants-cause, qu'autant que cette partie se déclare prête de son côté, à satisfaire à ses engagements : car les deux obligations, étant corrélatives, ont leur cause et leur origine dans une même convention essentiellement indivisible au respect des contractants. — Tel ne serait pourtant pas notre avis : nous pensons, au contraire, que le créancier, en vertu d'une obligation purement naturelle, *ne doit pas être admis à se prévaloir du droit de rétention :* ce serait l'investir indirectement d'une sorte de droit d'action que la loi lui refuse; ce serait lui reconnaître, à l'effet d'obtenir son paiement, un moyen coercitif qui répugne à la nature même de sa créance. Comment pourrait-on soutenir, par exemple, que le créancier d'une simple obligation *naturelle* sur Pierre, qui se trouverait, en même temps, débiteur vis-à-vis de Pierre *civilement*, pût refuser d'exécuter l'obligation civile, tant que Pierre, de son côté, n'aurait pas réalisé l'engagement naturel? Est-ce qu'un pareil résultat ne constituerait pas le renversement de tous les principes, soit qu'il s'agît de deux créances distinctes dans leur origine, soit même qu'il s'agît de deux créances connexes et respectivement nées à l'occasion d'une même chose? Sans doute, celui qui a vendu un objet à un incapable peut refuser de le livrer : mais c'est qu'ici les choses sont encore entières, et la loi ne saurait favoriser le projet *dolosif* de l'incapable qui, *rebus adhùc integris*, cherche à se faire remettre un objet, qu'il compte bien ensuite se dispenser de payer. Nous considérons, d'ailleurs, au point de vue général, le droit de rétention comme un droit réel, accessoire, indivisible, d'une nature spéciale et exceptionnelle, non susceptible, par conséquent, d'extension par voie d'analogie. Ses effets présentent une identité manifeste avec les avantages que procurent les causes légitimes de préférence énumérées dans l'article 2094 : car ce droit consiste dans la faculté conférée au créancier de ne pas se dessaisir de la chose de son débiteur, tant qu'il n'est pas payé de sa créance *avant tous autres*, contrairement à la règle ordinaire de l'article 2093. Les lois codifiées ont, à nos yeux, établi *limitativement* le principe de la rétention dans les articles 545, 867, 1612, 1613, 1673, 1749, 1948, 2082, 2087 et 2280 du Code civil, — dans les articles 306 et 577 du Code de commerce, — et dans l'article 3 de la loi du 3 mai 1841. — Il serait, d'ailleurs, trop dangereux, au point de vue pratique, de laisser à la conscience du juge le pouvoir de créer arbitrairement un droit réel, une sorte de cause de préférence en faveur d'un créancier ou contre lui. (Comp. Mourlon, *Traité des privilèges*, 2e partie, nos 230 et suiv.; — M. Pont, *Petits contrats*, t. II, page 715, no 1298). Tous ces motifs nous portent à penser que l'exercice du droit de rétention, moyen indirect d'arriver à obtenir paiement, doit être refusé au titulaire d'une obligation simplement naturelle, au même l'exécution qui pourra intervenir devra être considérée comme un paiement véritable ; car la cause de l'abandon se trouvera dans une dette antérieure et préexistante. Au contraire, le devoir de conscience ne fait pas partie des biens du créancier ; son accomplissement constitue une véritable libéralité de la part de celui qui s'y soumet ; de là il résulte que cet acte, analogue à la donation, sera *révocable* pour cause d'ingratitude ou de survenance d'enfants (art. 955 et 960), *réductible* si la réserve est entamée (art. 913 et 920), *rapportable* si le bénéficiaire est appelé à la succession de celui qui a rempli l'obligation morale (art. 843 Code civ.), etc., etc.

3° En troisième lieu, les effets que peut produire *l'obligation naturelle* se réalisent au gré du créancier, *en dehors de l'assentiment du débiteur*, et même malgré sa volonté contraire formellement exprimée. C'est ainsi qu'une créance naturelle peut être valablement l'objet d'une cession ou d'un legs ; c'est ainsi qu'elle comporte le gage, l'hypothèque, la solidarité ; que surtout, aux termes de l'article 2012, elle peut donner ouverture à un cautionnement ; dans ces dernières hypothèses, elle sert de point d'appui à un droit civil accessoire, qui alors forme la garantie pratique du créancier. Le débiteur n'aurait pas qualité pour empêcher le créancier de passer notamment les divers actes que nous venons d'énoncer.

L'obligation de conscience pure, au contraire, n'opère jamais malgré la volonté de l'obligé : il faut que celui-ci la reconnaisse spontanément, en accepte le fardeau, et l'accomplisse en toute liberté, en obéissant aux inspirations de son cœur. L'obligation morale ne produit donc, en dernière analyse, et cela à la différence de l'obligation naturelle, que des effets *volontaires* de la part de l'obligé : de plus, ces effets sont extrêmement limités : ils se bornent aux deux suivants : 1° le devoir de conscience peut servir de cause à la création d'une obligation civile ; 2° la

titre que l'application de la compensation. (Voir M. Dalloz, *Répert. v° Obligations* n°s 1048-1071.)

répétition de ce qui a été payé pour l'acquit d'une dette purement morale (1) n'est point autorisée.

(1) C'est ainsi que l'article 204 du Code civil pose, en règle générale, que l'enfant n'a pas d'action contre ses père et mère pour l'établissement par mariage ou autrement : voilà une obligation très clairement repoussée par le Code, *jure civili reprobata*. Mais le père et la mère, qui auraient une fois constitué une dot à leur enfant, ne seraient pas recevables à en réclamer la restitution : il y avait, en effet, de leur part, sinon une dette naturelle, au moins une dette morale ou de convenance, et il convient d'appliquer la maxime *in pari causâ, melior est conditio possidentis* : *arg. à fortiori* de l'article 1967. Telle est l'explication, seule exacte, à notre avis. Toutefois, des auteurs considérables, (voyez notamment M. Demolombe, t. IV, nos 10 et suivants, ou t. II du *Traité du mariage*), décident que si, au point de vue du droit civil, l'enfant n'a pas d'action contre ses père et mère pour un établissement par mariage ou autrement, il y a du moins là, pour les parents, une véritable obligation naturelle : « Cette *obligation naturelle* (de doter ses enfants) est presque toujours convenablement remplie, » dit l'éminent doyen de la Faculté de droit de Caen. Nous ne saurions partager cette manière d'apprécier la situation faite par le Code civil aux père et mère. Est-ce que le droit d'obtenir une dot peut être considéré comme faisant partie du patrimoine de l'enfant, en sorte que des sûretés accessoires, cautionnements, hypothèques, etc., puissent être constitués à l'effet de garantir celui-ci contre l'abstention éventuelle de ses parents? Personne n'a osé aller jusque-là. Nous sommes donc autorisé à conclure que l'obligation de doter n'est, soit par rapport au père, soit par rapport à la mère, qu'une obligation purement morale ou de convenance. Est-ce que l'enfant pourrait diriger une action contre ses parents à l'effet de leur faire reconnaître son droit *naturel* à la constitution de dot et à l'effet d'en empêcher la prescription? Evidemment non. L'on aperçoit dès lors que tous les signes distinctifs de l'obligation naturelle manquent ici. Bien entendu, seulement, la dot une fois livrée ne pourrait jamais être répétée par le constituant : car la livraison aurait eu une cause juridique. — Nous nous bornons à ces développements sommaires. Car nous ne pouvons pas actuellement songer à examiner en détail, quels sont les divers cas dans lesquels se produit l'obligation naturelle, ni quelles peuvent être ses causes générales d'extinction. On peut consulter, sur ces difficultés intéressantes, le *Traite des obligations naturelles*, en droit romain, par M. Machelard, — M. Maynz, *Eléments de droit romain*, t. II, § 277, page 96, — et le *Traité de l'obligation naturelle* et de *l'obligation morale*, en droit romain et en droit français, par M. Massol; — voyez, en particulier, sur la novation, quant à l'obligation naturelle, les explications que donne M. Massol, pages 245 et 270 ; — ajoutez encore, sur les effets de la chose jugée, M. Massol, pages 105 à 112, et M. Machelard, pages 405 et suivantes, pour les éléments de la discussion en droit romain. Nous inclinons, pour notre part, à voir, dans l'autorité de la chose jugée, un obstacle insurmontable à la survie possible de l'obligation naturelle : car les articles 1351 et 1352 combinés proscrivent de la manière la plus évidente, tout effet et toute preuve tendant à porter atteinte à la chose jugée, soit d'une manière directe, soit d'une manière indirecte. Le droit naturel lui-même exige que, dans chaque pays, les arrêts de la justice soient accueillis avec respect et obtiennent une force complète et sans aucunes réserves.

Mais une semblable obligation n'aurait pas assez de consistance pour supporter le cautionnement, le gage, l'hypothèque, la solidarité; elle ne pourrait pas être l'objet d'une cession ou d'un legs; elle ne saurait être ni novée, ni ratifiée, en prenant ces expressions dans leur sens technique. Concevrait-on, en effet, un tiers venant cautionner à un pauvre mon obligation générale de faire l'aumône. Me concevrait-on moi-même léguant ou transportant sur la tête d'une tierce personne le devoir de conscience qui m'astreint à la charité envers mes semblables? Tous ces agissements juridiques supposent évidemment une obligation préexistante : or, ici, aux yeux de la loi, il n'y a rien, c'est le néant : car la loi sociale ne peut pas descendre dans le domaine de la conscience pour faire respecter les obligations découlant de la morale pure : elle doit garder une sage neutralité, en laissant à chaque citoyen la responsabilité de ses croyances et l'appréciation de l'étendue de ses devoirs.

4° En quatrième lieu, l'obligation naturelle nous paraît (sauf controverse) susceptible d'être éteinte, au même titre que l'obligation civile, par la prescription accomplie et invoquée. — L'obligation simplement morale (ou devoir de conscience) n'est point, au contraire, de l'aveu de tout le monde, soumise à ce mode d'extinction.

Nous posons donc, en principe, que, sous l'empire du Code civil, la prescriptiou extinctive ou libératoire, lorsqu'une fois elle est consommée (art. 2223) par l'invocation de l'ayant-droit, anéantit en même temps l'obligation naturelle et l'obligation civile, sauf (ce qui est une toute autre question) à laisser subsister dans certains cas, au point de vue du for intérieur, une dette de conscience ou une simple obligation morale. Toutefois, cette doctrine a été vivement contestée par plusieurs auteurs, et en particulier par M. Le Roux de Bretagne, dans son *Nouveau Traité de la prescription* en matière civile. Le savant magistrat (voyez t. I, n° 12 pag. 13) affirme « qu'en plaçant la prescription parmi les modes d'extinction des obligations, l'article 1234 n'a eu en vue que l'obligation *civile.* »

Mais cette assertion nous paraît contredite à l'avance dans notre ancien droit, par des auteurs considérables. Nous voyons, en effet, Cujas, sur les questions de Papinien, lib. 18, L. 95, paragraphe *Naturalis*, ff., *de solutionibus*, et d'Argentrée, sur l'article 273 de la coutume de Bretagne, décider que la prescription éteint l'obligation naturelle avec l'obligation civile, en procurant à celui qu'elle protége une sécurité complète, *plenissimam securitatem.* Dunod lui-même (*Traité des prescriptions*, part. 1, chap XIV, pag. 108) s'exprime ainsi qu'il suit : « La loi civile a voulu que le débiteur fût entièrement à couvert après trente années ; et il ne le serait pas s'il était encore obligé naturellement. La loi civile peut éteindre l'obligation naturelle comme elle peut l'empêcher de naître, et elle l'éteint par tout ce qui, suivant les maximes du droit, tient lieu du paiement... Le consentement, qui forme l'obligation naturelle, est effacé, suivant le droit naturel même, par un consentement contraire dans la prescription, parce que celui qui demeure longtemps sans demander ce qui lui est dû, le remet ou l'abandonne : la loi le présume de la sorte, et elle a raison de le présumer. » De même, en ce qui concerne la prescription acquisitive, l'excellent auteur décide qu'elle donne la propriété pleine et entière, « l'action et l'exception, la revendication même contre l'ancien maître, s'il était rentré en possession de la chose prescrite. »

Telle doit être, à plus forte raison, notre solution sous l'empire du Code civil ; car les articles 712, 1234 et 2219 déclarent formellement que la prescription est un *moyen d'acquérir ou de se libérer*, aussi énergique que tous les autres modes reconnus. M. Le Roux de Bretagne lui-même le fait pressentir à la page 9 de son traité, lorsqu'il dit : « Il est certain qu'à la différence de la présomption qui n'acquiert rien et qui ne sert qu'à prouver ce qui est acquis, la prescription a une vertu qui lui est propre; elle éteint les droits et en crée de nouveaux. Considérée comme extinctive, elle procure au défendeur une fin de non-recevoir contre la demande. Considérée comme acquisitive, elle confère la propriété pleine et entière, et donne non-seulement l'exception pour repousser l'action des tiers, mais encore le droit de revendiquer l'immeuble prescrit contre tout détenteur, même contre l'ancien maître, si, par quelque conjoncture, il en avait recouvré la possession. »

Quel est d'ailleurs le but de la prescription? quelle est sa nature intime? La prescription n'est pas seulement, ni même principalement, une peine infligée par la loi au créancier ou au propriétaire négligent : c'est d'abord et avant tout, une institution d'intérêt social; destinée à assurer la stabilité des droits et des fortunes, en arrêtant les instances, en imposant une limite forcée à l'esprit de chicane, en apportant des entraves enfin à l'humeur éternellement processive des plaideurs obstinés : or ces motifs militent en faveur de l'extinction de l'obligation naturelle, aussi bien qu'en faveur de l'extinction de l'obligation civile; car si l'obligation naturelle n'engendre pas d'action, elle produit toutefois des effets considérables qu'il importe d'écarter. Est-ce que, du reste, au point de vue rationnel, il ne serait pas bien extraordinaire que la prescription pût briser le lien si énergique de l'obligation civile, et restât comme paralysée et sans force vis-à-vis de la simple obligation naturelle? N'oublions pas que notre institution de la prescription se rattache, aujourd'hui comme autrefois, au droit général de tous les peuples civilisés : or, si parfois l'obligation naturelle peut se maintenir à l'encontre du droit civil, en tant qu'elle n'a pas été l'objet d'une exclusion formelle fondée sur l'ordre public, du moins est-il certain que jamais elle ne peut subsister à l'encontre du droit des gens. Précisément parce qu'elle a sa base dans ce dernier droit, elle en relève nécessairement, et elle doit tomber sous le coup des causes d'extinction qu'il admet. Est-ce que la prescription ne résulte pas d'une sorte d'acquiescement, de consentement tacite, qui détruit, lorsque le débiteur veut s'en prévaloir, jusqu'aux dernières traces du lien originaire? « *Vix est*, dit la loi 28 ff., *de verborum significatione* (lib. L., tit. 16), *ut non videatur alienare qui patitur usucapi.* » Il ne peut donc rester ensuite qu'un devoir de conscience étranger au droit, et qui demeure dans le domaine exclusif de la morale pure. Voyez, au surplus, les développements approfondis que nous donnons à cette question, dans nos *Considérations générales sur l'acquisition ou la libération par l'effet du temps*, n°s 55 et 56, surtout pages 95 à 119.

34. Il nous reste maintenant à faire connaître une division capitale des droits civils, — *la distinction des droits réels et des droits personnels*, — dont le rayonnement s'étend sur tout le domaine de la législation, jusqu'à ses plus extrêmes limites. L'article 543 du Code Napoléon déclare que, « l'on peut avoir sur les biens, ou un droit de propriété, ou un simple droit de jouissance, ou seulement des services fonciers à prétendre. » Ce texte contient une énumération, incomplète en elle-même, et qui a, de plus, le défaut de ne pas nous donner la classification fondamentale des droits que tout homme peut avoir sur les objets extérieurs : or, ces droits, nous venons de le dire, sont de deux sortes, réels ou personnels (1).

(1) Comp. MM. Aubry et Rau, t. II, page 49, § 172; — M. Demolombe, *Traité de la distinction des biens*, t. I. (ou t. IX des *Œuvres complètes*), n°s 464 et suivants; — M. Acollas, *Manuel de droit civil*, t. I, pages 17 à 21, et pages 559 à 568; — M. Mourlon, *Répétitions écrites*, t. I, n°s 1334 à 1340; — M. Demante, *Cours analytique*, t. II, page 443; — M. Laurent, *Principes de droit civil*, t. VI, pages 92 à 113, n°s 72 à 86. M. Laurent, (au n° 72), critique vivement les expressions dont se sert la doctrine. « Pothier, dit-il, affirme que l'on peut avoir, deux espèces de droits à l'égard des choses qui sont dans le commerce : le droit que nous avons dans une chose, qu'on appelle *jus in re*, droit *réel*, droit par lequel elle nous appartient, au moins à certains égards; et le droit que nous avons par rapport à une chose, qu'on appelle *jus ad rem*, droit *personnel*, droit que nous

35. Qu'est-ce d'abord qu'un *droit réel?* — Le droit réel est celui qui établit entre la personne sujet du droit, et la chose objet du droit, une relation directe et immédiate : le titulaire va droit à sa chose : il exerce sur elle, au gré de ses convenances, les prérogatives qui lui appartiennent; nul intermédiaire nécessaire n'apparaît ici. Dès lors, vous ne rencontrerez jamais, dans le droit réel, que deux éléments, savoir, la personne sujet actif du droit, et la chose qui en est l'objet. Voilà la notion traditionnelle du *jus in re*. Il a, pour corrélatif naturel, une nécessité

exerçons contre la personne qui s'est obligée de nous prester la chose. — Ces expressions de droit *réel* et de droit *personnel* rendent mal le sens des locutions admises dans le langage de l'école, et que Pothier emploie, *jus in re* et *jus ad rem*. Celle de droit *personnel* est équivoque par elle-même, car elle a encore d'autres significations; ainsi on dit de l'usufruit que c'est un droit personnel, en ce sens que, attaché à la personne de l'usufruitier, il s'éteint avec sa mort; on dit encore qu'un droit est personnel, quand il est exclusivement attaché à la personne de celui à qui il appartient, de sorte que ses créanciers ne peuvent pas l'exercer (art. 1166). Il vaudrait mieux se servir de l'expression qu'emploient les auteurs de droit romain : *droit de créance* ; elle indique parfaitement la nature du droit que nous appelons personnel par opposition au droit réel : il naît d'une obligation, c'est-à-dire d'un lien de droit qui existe entre un créancier et un débiteur, et qui engendre une action contre la personne obligée, action qui tend à ce qu'elle fasse ou donne ce qu'elle s'est obligée à faire ou à donner. (Pothier, *Traité du droit de domaine de propriété*, nº I.) — L'expression de droit *réel* donne lieu à une autre équivoque par suite de l'extension qu'elle a reçue dans le langage des auteurs modernes. Ils donnent ce nom aux droits qui dérivent de la puissance qu'une personne exerce sur une autre, le mari sur la femme, le père ou la mère sur l'enfant; ils trouvent cette affinité entre les droits de puissance et les droits réels, c'est qu'on peut les faire valoir envers et contre tous, au moyen d'actions analogues à la revendication : (Aubry et Rau, *Cours de droit civil français*, 4e édition, t. II, page 51). — Il y en a qui vont plus loin et qui donnent le nom de droits réels à tous les droits qui appartiennent à l'état des personnes, tel que le droit de réclamer sa nationalité, sa filiation, le droit de désaveu; ils appellent même droits réels, les diverses facultés qui sont garanties par la Constitution, telle que la liberté individuelle, la liberté religieuse (Ducaurroy, Bonnier et Roustain, t. II, page 45, nº 69). — Il nous semble que c'est confondre des droits d'une nature essentiellement diverse. Pothier a soin de dire que la division des droits réels et personnels concerne les choses qui sont dans le commerce; or, précisément les droits d'état personnel, les droits de puissance, les droits politiques sont placés hors du commerce. Ne mêlons pas des matières qui n'ont rien de commun. Si nous disons un mot de ces divisions, c'est pour montrer le danger des *classifications inutiles que l'on aime tant dans l'école*, et qui, au lieu de simplifier les idées, ne font que les embrouiller. »

générale et négative, imposée à *toute personne* (autre que celle qui est investie du droit), de s'abstenir de tous les actes qui pourraient en entraver l'exercice : « Place au droit réel! dit fort énergiquement M. Demolombe (t. IX, n° 473), et que tous les rangs s'ouvrent pour lui faire passage, lorsqu'il s'avance tout-puissant et absolu, par sa propre et seule force, sans l'intermédiaire d'aucun débiteur, vers la chose même sur laquelle il porte directement : — Droit de suite contre les tiers détenteurs; — Droit de préférence contre les créanciers; — Indivisibilité envers et contre tous. — Tels sont généralement, et à grands traits, ses trois attributs. » Nous verrons plus tard, avec l'article 543, les difficultés considérables que soulève la nomenclature des droits réels, en présence de l'énumération incomplète du Code civil. Comparez, sur ce point, M. Demolombe, t. IX, n°s 475 à 532, et M. Acollas (*Manuel de droit civil*, t. I, pages 559 à 568); ajoutez M. Laurent, t. VI, n°s 72 et suiv., pages 92 à 115, et t. VIII, n° 340, pages 410 et suivantes.

Nous nous bornerons ici, au point de vue des notions générales qui nous occupent, à citer les droits qui rentrent certainement, de l'aveu de tout le monde, dans la catégorie des droits réels : ces droits sont, aux termes des articles 543, 2071, 2072, 2073, 2094, 2095, 2114, 2118, etc., les neuf suivants :

1° Le droit de propriété;

2° Le droit d'usufruit;

3° Le droit d'usage;

4° Le droit d'habitation;

5° Les servitudes ou services fonciers; cette première partie de notre énumération, est empruntée à l'article 543;

6° Le gage (art. 2072);

7° L'antichrèse (art. 2085 et loi du 23 mars 1855, art. 2);

8° Le privilège (art. 2095);

9° L'hypothèque (art. 2114).

Il existe toutefois une différence essentielle à signaler entre ces derniers droits, et ceux qui rentrent directement dans la nomenclature de l'article 543 : — les droits de gage, d'antichrèse, de privilège et d'hypothèque, sont toujours l'*annexe* d'une créance dont ils garantissent le paiement. Dès lors, ils constituent des *droits réels accessoires*, dont l'existence est intimement liée à celle de la créance elle-même, et qui s'éteignent au gré du débiteur, si celui-ci veut payer : plus généralement, toute cause extinctive de la créance (art. 1234) est extinctive des droits réels accessoires. — Au contraire, les droits énumérés dans l'article 543 (propriété, usufruit, usage, habitation, servitudes ou services fonciers), ont, par eux-mêmes, une existence stable et permanente : ils ne peuvent pas être anéantis contre le gré de la personne qui en est titulaire. Ils constituent des *droits réels principaux*.

36. Je dois maintenant définir le *droit personnel* ou *droit de créance*. Le droit personnel proprement dit est celui qui établit entre la personne à laquelle le droit appartient, et la chose objet du droit, une relation simplement indirecte et médiate : le titulaire, pour obtenir la chose, ou une certaine prestation, ou un certain fait, doit s'adresser à une autre personne qui est obligée envers elle.

Dès lors, vous rencontrerez toujours ici trois éléments nécessaires :

1° Le créancier, sujet actif du droit;

2° Le débiteur, sujet passif du droit;

3° La chose, la prestation, ou le fait, objet du droit.

Voilà la notion du *jus ad rem*, désigné souvent aujourd'hui sous le nom de droit personnel proprement dit, mais qu'il vaudrait mieux appeler droit de créance (1). Il a

(1) Nous devons ici faire connaître une autre définition également très juridique, qui est quelquefois donnée, soit du droit réel, soit du droit de créance. (L'expression *droit de créance* est préférable à celle de *droit personnel*, en ce qu'elle évite toute confusion et toute équivoque : l'usage et l'habitation, par exemple, qui sont certainement des droits *réels* aux termes des articles 543 et 544, sont en même temps *personnels* en ce sens

pour corrélatif nécessaire une obligation essentiellement *relative* et imposée à une ou plusieurs personnes *individuellement déterminées :* aussi MM. Aubry et Rau (*Cours de droit civil*, t. II, page 49, § 172), s'attachant à ce dernier caractère, nous disent-ils : « Les droits personnels proprement dits sont ceux qui, se rattachant à un lien d'obligation existant entre deux personnes déterminées, ne sont de leur nature susceptibles d'être exercés que contre la personne obligée, et contre ceux qui sont tenus de ses engagements. » Nous ne saurions ici avoir la prétention d'énumérer, en détail, les droits personnels : car ils comprennent tous les droits de créance, ayant pour objet, tantôt la transmission ultérieure d'une chose, tantôt une simple prestation, tantôt un fait, quelquefois même une abstention. En dernière analyse, la cause efficiente du droit personnel, c'est *l'obligation*, quelle que soit d'ailleurs la source d'où elle dérive, d'un contrat, d'un quasi-contrat, d'un délit, d'un quasi-délit, ou de la loi. La cause efficiente du droit réel, c'est l'aliénation, ou plus généralement, ce sont les modes réguliers et légitimes à l'aide desquels se réalise la transmission totale ou partielle de la propriété, ou de quelqu'un de ses démembrements.

La division des droits, en droits réels et en droits personnels ou droits de créance, repose sur la nature intrinsèque des droits eux-mêmes. Comparez M. Bertauld (*Questions pratiques et doctrinales* de Code civil, t. I, n°s 219 et suivants). J'insiste sur ce point, Messieurs,

qu'ils sont exclusivement attachés à la personne du titulaire, et non transmissibles d'après les articles 631 et 634 du Code civil.)

Voici maintenant les définitions proposées :

Le *droit réel* est un droit exclusif et opposable à tous, en vertu duquel une personne peut tirer directement d'une chose tout ou partie de l'utilité que cette chose peut procurer.

Le *droit de créance* (ou droit personnel), est un droit qui permet à une personne déterminée d'exiger d'une autre personne également déterminée une prestation quelconque. Cette prestation peut consister tantôt à opérer un transfert de propriété, tantôt à accomplir un certain acte, tantôt à s'abstenir de quelque chose : *dare*, *facere*, *præstare*, *non facere*.

parce que vous rencontrerez bientôt, à propos des articles 516 et suivants, une nouvelle distinction des droits en mobiliers et immobiliers, laquelle se rapporte à la nature de la chose formant l'objet de tel ou tel droit : *mobile est quidquid* (jus) *tendit ad mobile ; immobile est quidquid* (jus) *tendit ad immobile.*

37. L'intérêt de la distinction des droits en réels et personnels est fort considérable. Il existe surtout aux six points de vue principaux que voici :

1° Tout droit réel suppose une chose dès actuellement déterminée dans son individualité, et sur laquelle il porte : exemple : Pierre a la propriété de tel cheval. Le droit personnel peut n'avoir pour objet qu'une certaine prestation, l'accomplissement d'un certain fait, ou la livraison d'une chose déterminée seulement dans son espèce : exemple : Pierre est créancier sur Jacques d'une maison à bâtir ; ou encore, Pierre est créancier de tant d'hectares de terre à prendre dans le domaine de Jacques, ou enfin, Pierre est créancier de tant d'hectolitres de blé à prendre dans le grenier de Jacques. Comparez les articles 1585 et suivants.

2° Le droit réel emporte, du moins en général, un *droit de suite* ; — c'est-à-dire que celui auquel appartient un droit réel peut en poursuivre l'exercice sur la chose même soumise à ce droit, et contre tout possesseur ou détenteur de la chose. J'emprunte un premier exemple au droit de propriété : je suis propriétaire de la maison A : un *non dominus* vend ma chose à un tiers : tant que celui-ci n'aura pas prescrit (art. 2262 et 2265), je revendiquerai utilement contre ce tiers, et plus généralement contre tout tiers détenteur, *etiamsi domus mea per mille manus transierit.* J'emprunte un second exemple au droit d'hypothèque : j'ai régulièrement obtenu et inscrit une hypothèque sur le fonds B : mon débiteur aliène cet immeuble qu'il m'a impignoré : le tiers acquéreur pourra être par moi poursuivi en paiement ; car il est devenu mon débiteur *propter rem.* S'il ne me paie pas, je le ferai exproprier. Comparez les articles 2166 à 2170, et les articles 2204 et suivants — Au contraire, celui qui n'est investi que d'un simple droit personnel, c'est-à-dire le créancier, ne peut exercer son droit que contre la personne directement obligée à la prestation, c'est-à-dire contre le débiteur ou ses représentants : exemple : J'ai contre vous une créance purement chirographaire de cent mille francs : aux termes de l'article 2092, vous êtes tenu de remplir votre engagement sur tous vos biens, mobiliers et immobiliers, corporels et incorporels, présents et à venir. Mais, si vous aliénez vos biens, tout est fini pour moi : les tiers acquéreurs ne seront tenus à rien vis-à-vis de moi ; car je ne suis qu'un simple créancier chirographaire (1), et le droit personnel n'engendre aucun droit de suite.

(1) Les inconvénients du titre purement chirographaire sont considérables : car il n'engendre qu'une simple obligation personnelle : or, l'obligation personnelle, aux termes de l'article 2092, ne confère au créancier de droits sur les biens de son débiteur, que du chef même de la personne de ce débiteur, *ex personâ debitoris ;* le créancier personnel n'est que l'ayant-cause de son débiteur, et il a un simple *jus ad rem.* Telle est la règle : en voici maintenant les trois conséquences : — 1° Tous les créanciers personnels d'un même débiteur ont, sur les biens de celui-ci, des *droits* parallèles et *égaux, quelle que soit la date* de leurs titres respectifs : « Les biens d'un débiteur, dit l'article 2093, sont le gage commun de ses créanciers, et le prix s'en distribue entre eux par contribution, à moins qu'il n'y ait entre les créanciers des causes légitimes de préférence. » Dès lors, le créancier nanti d'un titre purement chirographaire a d'abord à redouter les dettes nouvelles que pourrait contracter son débiteur, dettes qui pourraient ultérieurement devenir la source d'une distribution insuffisante par contribution et au marc le franc ; — 2° Les *aliénations* que le débiteur peut consentir de ses biens diminuent d'autant le gage de ses créanciers personnels : car ceux-ci n'ont, aux termes de l'article 2092, qu'un droit de gage général, vague et indéterminé, qui ne leur permet pas de suivre la chose entre les mains des tiers acquéreurs ou des tiers détenteurs : n'oublions pas, en effet, que les créanciers personnels, à titre purement chirographaire, n'ont de droits que du chef de leur débiteur, *ex personâ debitoris :* or, le débiteur, ayant précisément aliéné, n'est plus propriétaire : par suite, les créanciers ne peuvent pas avoir sur les biens aliénés plus de droits que le débiteur lui-même, dont ils sont les ayants-cause. Seulement, si l'aliénation a été frauduleuse, les créanciers lésés pourront la faire révoquer par application de l'article 1167, lequel a introduit, dans le Code civil, l'action Paulienne du droit romain ; — 3° Enfin, lorsque le débiteur unique décède laissant plusieurs héritiers, l'obligation personnelle, aux termes des articles 870 et 1220, se fractionne et se divise de plein droit en autant d'obligations distinctes qu'il y a de représentants différents du

3° Le droit réel emporte un *droit de préférence.* Je m'explique : lorsque plusieurs personnes ont, à des époques différentes, acquis sur une chose, soit le même droit réel, soit des droits réels différents qui se trouvent en collision l'un avec l'autre, le droit acquis antérieurement l'emporte, en principe, sur le droit acquis plus tard : exemple : Je suis titulaire d'une hypothèque sur le fonds A, et j'ai régulièrement inscrit cette hypothèque le 1er janvier 1878 ; le débiteur, propriétaire de ce fonds, consent une nouvelle hypothèque,

même débiteur originaire. Nous voyons ainsi apparaître un nouveau danger pour les créanciers à titre purement chirographaire, celui du morcellement, et pour ainsi dire, de la pulvérisation du droit personnel, par suite du jeu normal des principes de la transmission héréditaire. — Le régime des privilèges et des hypothèques (art 2071 à 2204) a été précisément organisé pour obvier à ces graves inconvénients : c'est ainsi que, contre le danger de la distribution par contribution et au marc le franc, le législateur apporte, comme remède et comme garantie, des droits de préférence soumis seulement à certaines conditions de publicité. C'est ainsi encore que, contre le danger des aliénations par lesquelles le débiteur peut amoindrir le gage de ses créanciers, la loi hypothécaire crée des droits réels et de suite contre les tiers détenteurs. C'est ainsi enfin que, contre le danger de la division indéfinie de l'obligation personnelle entre les successeurs et représentants d'un même débiteur, le régime hypothécaire offre un remède adéquat et topique, à savoir le droit intégral et d'indivisibilité, ce qui faisait dire à Dumoulin, en parlant de l'hypothèque : *Est tota in toto, et tota in quâlibet parte.* Et, en effet, lorsqu'un privilège ou une hypothèque étreint un immeuble quelconque, d'une part, chaque portion de cet immeuble, même la plus minime et la plus moléculaire, répond de la totalité de la dette, et d'autre part, chaque portion de la dette, même la plus petite et la plus infinitésimale, affecte la totalité du fonds. Le régime hypothécaire est parvenu à donner aux créanciers ces importantes garanties, en créant à leur profit, sous certaines conditions, un droit propre, distinct et indépendant, un véritable *jus in re* sur les biens affectés par leur débiteur. Nous retrouverons plus tard ces notions, lorsque nous étudierons en détail le grand titre des privilèges et des hypothèques. Il nous suffira de donner ici par avance la définition de ces deux catégories de droits. Le privilège d'abord est défini par l'article 2095, un droit que la *qualité de la créance* donne à un créancier d'être préféré aux autres créanciers, même hypothécaires. Quant à l'hypothèque, dont s'occupent les articles 2114 et suivants, nous la définirons de la manière suivante : L'hypothèque est un droit réel, démembrement de la propriété, qui, sans opérer d'ailleurs aucun déplacement de la possession, affecte des immeubles déterminés ou un ensemble d'immeubles à la garantie d'une créance dont elle assure le paiement, en quelque main que se trouvent les immeubles, par préférence à tous créanciers n'ayant que des droits *postérieurs en date*. Comparez, pour la définition des autres droits réels, énumérés *suprà*, n° 62, M. Acollas, t. I, pages 562 et 563.

qui est inscrite par le titulaire le 1er avril 1879 : mon droit antérieur prévaudra, aux termes de l'article 2134. De même encore, je suis usufruitier d'un fonds, ou titulaire d'une servitude sur ce fonds : le nu-propriétaire consent un nouvel usufruit à un tiers, ou une servitude : cet acte ne m'est pas opposable ; mon droit antérieur, dûment transcrit dans les termes de l'article 2, n° 1, de la loi du 23 mars 1855, prévaudra toujours. — Le droit personnel, au contraire, est un droit qui n'entraîne aucune préférence : par conséquent, en cas de collision de divers droits personnels contre un même débiteur, aucun des créanciers ne jouit, en thèse générale, d'un droit préférable : l'article 2093 est formel en ce sens. Si donc le débiteur est partiellement insolvable, la perte se répartit au marc le franc entre tous ses créanciers.

4° La prescription court contre les droits réels, non-seulement lorsqu'ils sont purs et simples, mais encore lorsqu'ils sont *à terme* ou *conditionnels* : arg. des articles 2262 et 2265. — Elle ne court point, au contraire, contre les droits personnels *à terme* ou *conditionnels*, tant que le terme n'est pas échu ou que la condition n'est pas réalisée. Comparez les articles 2257 et 2258.

5° On peut acquérir, par voie de *prescription*, certains droits réels. C'est ainsi, par exemple, qu'aux termes de l'article 2262, l'usurpateur d'un immeuble peut en devenir propriétaire par l'expiration du laps de trente ans, si d'ailleurs sa possession a réuni toutes les qualités exigées par les articles 2228, 2229 et suivants. Comparez, sur le fondement rationnel et juridique de cette manière d'acquérir, nos *Considérations générales sur l'acquisition ou la libération par l'effet du temps*, n°s 28 à 41, pages 35 à 57. — On ne peut jamais, au contraire, acquérir par la prescription des droits personnels. Supposons, par exemple, que vous m'ayez prêté, durant trente ans, à des époques périodiques régulières, votre cheval pour labourer ma terre : la trente et unième année, vous pourrez valablement vous y refuser. Supposons encore que vous m'ayez payé chaque année, durant trente ans, une rente de mille francs, sans y être obligé d'ailleurs par aucun titre : la trente et unième année, vous pourrez cesser de le faire, sans que je puisse intenter contre vous aucune action en justice utile pour maintenir cet état de choses : arg. de l'article 2263.

6° Il y a encore un dernier intérêt à déterminer si un droit est réel ou personnel : cet intérêt se manifeste au point de vue de la compétence des tribunaux, par application de l'article 59 du Code de procédure. Lorsqu'un droit réel immobilier devient l'objet d'un procès, l'action doit être portée devant le tribunal de la situation de l'objet litigieux. — Lorsqu'au contraire, c'est un droit personnel qui forme l'objet de la contestation, que ce droit personnel d'ailleurs soit mobilier ou immobilier, peu importe, c'est le tribunal du domicile du débiteur qui devient compétent. Les différentes règles de compétence, posées par l'article 59 du Code de procédure civile, vous seront expliquées, en détail, l'année prochaine, au cours de procédure.

38. A côté des droits réels et des droits personnels, il convient de placer les droits de puissance ou de famille, et plus généralement les droits qui concernent l'état des personnes, leur nationalité, leurs qualités de père, d'enfants ou d'époux légitimes, et même les droits de liberté, de sûreté corporelle, comme aussi de réputation ou d'honneur. Ces droits, disent MM. Aubry et Rau, t. II, page 51, § 173, texte et note 5, « que le mariage attribue au mari sur la personne de sa femme, ou que la paternité et la maternité confèrent au père et à la mère sur la personne de leurs enfants, présentent une certaine affinité avec les *droits réels*, en ce sens qu'ils affectent la personne elle-même, et qu'on peut les faire valoir envers et contre tous, au moyen d'actions analogues à la revendication. »

Comparez M. Demolombe, t. IX, n° 470 (*Traité de la distinction des biens*, t. I). Assurément cette affinité existe; pourtant il nous répugne d'assimiler à des droits réels les prérogatives qui touchent à l'état des personnes : car il s'agit ici de droits certainement placés hors du commerce : or, comme le fait très judicieusement remarquer M. Laurent (t. VI, n° 72), la division des droits, en droits réels et droits personnels ou de créance, concerne exclusivement les choses qui sont dans le commerce. Je placerais donc plus volontiers les droits qui touchent à l'état des personnes dans une catégorie à part : ce sont, à mes yeux, des droits absolus *sui generis*. Vouloir les faire rentrer de vive force dans la classification traditionnelle des droits réels et des droits personnels, ce serait mêler des matières qui n'ont, en dernière analyse, rien de commun.

Telle paraît bien être d'ailleurs l'opinion de M. Bertauld, exprimée incidemment, dans ses *Questions pratiques et doctrinales* de Code civil, t. I, page 182, n° 230. L'éminent jurisconsulte s'occupe, dans ce numéro 230, de déterminer quelle est, *au point de vue théorique*, la nature du droit de reproduction des œuvres littéraires ou artistiques : la réponse à cette question, dit-il, « suppose une théorie arrêtée sur la vraie nature des *droits réels* et des *droits personnels*, et aussi l'existence d'un *criterium* pour les distinguer. — On a dit, et c'est le *criterium* le plus recommandé pour faire sûrement la distinction, que les droits réels sont des droits absolus, opposables à tous, tandis que les droits personnels sont relatifs, ne lient que certaines personnes, les obligés ou leurs représentants à titre universel. Ce *criterium*, je le crois du moins, est loin d'être infaillible. Le droit réel qui naît, au profit de l'acheteur, de la vente d'un meuble ou même d'un immeuble déterminé, est quelquefois opposable au vendeur sans être opposable au tiers, par exemple en matière immobilière, quand le contrat n'a pas été transcrit, ou en matière mobilière, quand il n'y a pas eu livraison. En sens inverse, le droit qui résulte du bail pour le fermier ou le locataire lie, non-seulement le bailleur et ses représentants à titre universel, mais encore les tiers; et cependant, bien que M. Troplong soit d'un avis contraire, ce droit ne constitue qu'un droit personnel (art. 1743 Code civil). — On dit, avec plus de raison, que le droit réel est le droit qui lie une personne à un bien meuble ou immeuble *directement*, qui la met immédiatement, et sans l'entremise d'une autre personne, en contact avec ce bien, tandis que le droit personnel, s'il a un bien pour objet, n'arrive à cet objet que médiatement, qu'avec le concours et par le fait d'une personne obligée. *Mais il y a des droits qui n'ont aucun caractère de réalité*, qui ne portent même pas sur des choses appropriables, qui sont absolus et qui n'ont besoin d'aucun auxiliaire spécial pour s'assurer le respect. *Tels sont les droits de nationalité, les droits de famille*, les droits de père, d'époux, de fils : ils existent vis-à-vis de la société entière. C'est dans la famille des droits qui sont absolus, sans s'adresser directement aux biens, que nous rangerions le droit pour les auteurs ou leurs représentants de reproduire leurs œuvres. » Nous verrons plus tard quel a été le point de vue, adopté par le législateur, dans la loi des 14-19 juillet 1866, sur les droits des héritiers et des ayants-cause des auteurs, compositeurs ou artistes.

38 *bis*. Il nous reste à mentionner, sans entrer d'ailleurs dans aucun développement, de nouvelles catégories importantes de droits, dont l'existence est certaine, mais qui sont étrangers à un enseignement de pure législation civile ou privée : nous voulons parler des droits politiques et des droits publics.

Il faut d'abord entendre par droits *politiques*, les droits en vertu desquels un citoyen participe, d'une manière plus ou moins directe, au gouvernement de son pays et à l'exercice de la puissance publique : tel est, par exemple, le droit d'être électeur ou d'être éligible; tel est encore le droit de siéger comme juré; tel est enfin le droit de paraître comme témoin en justice, ou pour donner l'authenticité aux actes civils. Voilà les prérogatives que l'on fait rentrer le plus habituellement dans la catégorie des droits publics proprement dits.

Les droits, plus spécialement appelés droits *publics*, sont ceux qui se réfèrent aux rapports entre les citoyens et le gouvernement existant dans l'Etat. A la différence des droits privés, qui ont pour objet la sauvegarde des intérêts individeuls, les droits publics sont organisés et reconnus en vue du plus grand avantage de la masse des citoyens : nous citerons, parmi les prérogatives les plus importantes qui se rattachent à cet ordre d'idées, l'égalité devant la loi, la contribution proportionnelle aux charges de l'Etat, la liberté individuelle, la liberté des cultes, la liberté de la presse, l'inviolabilité du droit de propriété, la publicité des débats judiciaires, le droit de ne pouvoir pas être distrait de ses juges naturels, le droit de pétition, etc.

Voici, à quels points de vue, ces prérogatives importantes, qualifiées de droits *publics* des Français par les diverses constitutions qui se sont succédé en France depuis 1791, se distinguent des droits politiques proprement dits. Les droits publics sont absolus dans leur existence, comme dans leurs effets : ils appartiennent à tous les Français, sans distinction d'âge comme sans distinction de sexe. Ils sont, en effet, en général du moins, indépendants de l'organisation, si variable, des pouvoirs sociaux. Les droits politiques proprement dits, au contraire, sont relatifs et variables, précisément parce qu'ils se rattachent, de la manière la plus intime, à l'organisation et au mécanisme des divers pouvoirs mis à la tête de la société. C'est ainsi, par exemple, que les lois électorales ont déterminé, suivant les époques, des catégories plus ou moins larges d'électeurs, pour aboutir enfin au suffrage universel, lequel admet toutefois encore des conditions d'âge et de sexe.

39. L'esprit général, qui a présidé à la rédaction du

Code civil, vous est maintenant connu. Vous avez vu également, Messieurs, quel est le rôle ici-bas de la morale et du droit, et vous avez pu mesurer la sphère dans laquelle se meuvent les différents principes directeurs de l'homme au chemin de la vie. Au moment où nous allons quitter la théorie pure, pour entrer dans l'examen des principales divisions historiques du droit civil français, et pour étudier l'organisation actuelle des pouvoirs publics (1), votre conclusion doit être, de nouveau, l'affirmation de cette union intime proclamée autrefois par le grand orateur romain entre le *juste* et l'*utile* (Cicéron *de Officiis*). Bientôt, du reste, vous aborderez l'étude des textes, et vous verrez que partout et toujours, dans la pratique, la violation des grands principes de liberté et d'équité s'est traduite par un dommage matériel. Les lois qui font les grandes nations sont celles-là seulement qui sont conformes aux données de la raison et aux conceptions d'une saine philosophie.

(1) Voyez, sur ces deux points, les développements contenus dans notre brochure intitulée : *Introduction historique à l'étude du Code civil*, à l'usage de MM. les étudiants de première année.

FIN

TABLE ANALYTIQUE DES MATIÈRES.

Numéros. Pages.

AVANT-PROPOS A MESSIEURS LES ÉTUDIANTS. . . . 5

Première leçon.

1. Programme de l'examen de première année sur le Code civil. 19
2. Nécessité d'une courte introduction préalable à l'étude du Code civil. 19

2 *bis*. Division de cette Introduction générale, philosophique et historique. 20

CHAPITRE I. Notions philosophiques et juridiques sur la loi, la morale et le droit. — Différentes divisions du droit.

3. Comment convient-il de définir la loi. . . . 20
4. Examen de diverses définitions de la loi et critique de ces définitions. 20
5. Suite. 21
6. Suite. 22
7. Adoption d'une définition de la loi et d'une définition du droit considéré comme science. 23
8. Classification des différentes espèces de lois. . . 23
9. Des règlements d'administration publique, décrets, etc. . 24
10. Le législateur constate les droits : — il n'est pas omnipotent pour les créer. 25
11. Parallèle des lois positives et de la morale. . . . 27
12. Différents sens du mot *droit*. 29
13. Différents sens du mot *jurisprudence*. . . . 30
14. Différentes acceptions du mot *législation*. . . . 30
15. Triple objet de la science du droit. 31
16. Différentes divisions du droit : — énumération. . . 31
17. I. — Du droit naturel et du droit positif. . . . 32
18. Caractères du droit naturel. 33

Numéros. Pages.

19. Caractères du droit civil ou positif. 32
20. Il ne faut pas établir aujourd'hui d'antagonisme entre le droit naturel et le droit civil. — Dangers d'admettre l'antithèse entre ces deux sortes de droits. 34
21. Suite. 35
22. Suite. 36
23. Suite. 37
24. Intérêts pratiques. 38

Seconde leçon.

25. II. — Du droit civil et du droit des gens. . . . 41
25 *bis*. Le droit des gens ou droit international est-il véritablement une branche du *droit?* — Différents systèmes. . . 43
25 *ter*. Suite. 45
25 *quater*. Sources du droit des gens. 46
25 *quinquies*. Divisions du droit des gens. . . . 47
26. Suite. 48
26. *bis*. III. — Du droit public et du droit privé, avec une note détaillée sur l'interprétation de l'article 6 du Code civil. . . 49
27. IV. — Du droit commercial et du droit civil (non commercial). 59
28. V. — Du droit déterminateur et du droit sanctionnateur. . 60
29. VI. — Du droit écrit et du droit non écrit ou coutumier. . 61
29 *bis*. VII. — Du droit criminel ou pénal. 62
29 *ter*. VIII. — Du droit administratif et du droit constitutionnel. 62
30. IX. — Du droit forestier. 63

Troisième leçon.

30 *bis*. Transition. 63
Chapitre II. Théorie sommaire des différentes espèces de devoirs (*sensu lato*) ou d'obligations. — Distinction des droits réels et des droits personnels ou droits de créance.
30 *ter*. Division générale. — Des devoirs purement moraux ou obligations de conscience. — Des obligations civiles et de leurs différentes sources. — Des obligations naturelles. — Comparaison. . . 64
31. Examen des obligations dites naturelles. . . . 74

Numéros. Pages.

32. Caractères communs à l'obligation dite naturelle et aux obligations de pure conscience. 76

33. Indication de quatre différences caractéristiques à signaler. . 79

34. Distinction des droits réels et des droits personnels. . 88

35. Définition et énumération des droits *réels*. . . . 89

36. Définition des droits personnels ou droits de créance, avec une note contenant d'autres définitions également très juridiques. . 91

37. Différents intérêts pratiques de la distinction des droits en droits *réels* d'une part, et en droits *personnels* ou *de créance* d'autre part. 93

38. Des droits de puissance et des droits de famille. . . 97

38 *bis*. Des droits politiques et des droits publics. . . 99

39. Conclusion et transition pour arriver à l'examen des différentes divisions historiques du droit civil français. . . 101

— Lille. Typ. J. Lefort. 1878 —

www.ingramcontent.com/pod-product-compliance
Ingram Content Group UK Ltd.
Pitfield, Milton Keynes, MK11 3LW, UK
UKHW020355230726
13925UKWH00003B/1140